Der Gegenstand der falschen Verdächtigung

Europäische Hochschulschriften
Publications Universitaires Européennes
European University Studies

Reihe II
Rechtswissenschaft

Série II Series II
Droit
Law

Bd./Vol. 4262

PETER LANG
Frankfurt am Main · Berlin · Bern · Bruxelles · New York · Oxford · Wien

Rolf Landskron

Der Gegenstand der falschen Verdächtigung

Zum Begriff der *rechtswidrigen Tat* in § 164 Abs. 1 StGB

PETER LANG
Europäischer Verlag der Wissenschaften

Bibliografische Information Der Deutschen Bibliothek
Die Deutsche Bibliothek verzeichnet diese Publikation in der Deutschen Nationalbibliografie; detaillierte bibliografische Daten sind im Internet über <http://dnb.ddb.de> abrufbar.

Zugl.: Marburg, Univ., Diss., 2005

Gedruckt auf alterungsbeständigem,
säurefreiem Papier.

D 4
ISSN 0531-7312
ISBN 3-631-54204-6

Printed in Germany 1 2 3 4 5 7

www.peterlang.de

Vorwort

Im Jahr 2002, mitten im zweiten Staatsexamen und in der Anfertigung der vorliegenden Arbeit stehend, habe ich eine Gehirnblutung erlitten. Daß ich meinen Werdegang fortsetzen kann, verdanke ich vor allem der ärztlichen Kunst von Herrn Professor Dr. med. Helmut Bertalanffy sowie allen anderen, welche an meiner Operation beteiligt waren, namentlich Herrn Dr. med. Boris Krischek. Großen Dank schulde ich auch Chie Sato, ohne die ich nicht wieder gesund geworden wäre.

Mein Dank gilt jedoch in ganz besonderem Maße Herrn Professor Dr. jur. Winrich Langer, zuallererst für seine ständige Unterstützung, bereits während meines Studiums, aber auch in der Folgezeit, nicht nur während der Zeit meiner Erkrankung, aber auch während dieser Zeit. Zudem werde ich mich stets seiner Hilfe bei der Fertigstellung der Arbeit erinnern – sie war insbesondere in der Endphase von entscheidender Bedeutung.

Außerdem danke ich Herrn Professor Dr. jur. Georg Freund, der die Arbeit – schneller als ich erwarten durfte – ebenfalls begutachtet hat. Hoffentlich findet er seine Anregungen in zufriedenstellender Weise in das Buch eingearbeitet.

Schließlich möchte ich – last but not least – meinen Eltern von ganzem Herzen dafür danken, daß sie mir die meinen Neigungen entsprechende Ausbildung ermöglicht haben. Ihnen ist dieses Buch gewidmet.

Marburg, Mai 2005 Rolf Landskron

Inhaltsverzeichnis

Einleitung

A. Streitfragen im Rahmen des § 164 StGB

Die falsche Verdächtigung (§ 164 StGB) ist eine Straftat mit mehreren ungelösten Problemen: So ist bereits das von § 164 StGB geschützte Rechtsgut streitig. Zu diesem Rechtsgut des § 164 StGB werden im strafrechtlichen Schrifttum gegenwärtig drei verschiedene Ansichten vertreten:[1] Der ersten zufolge ist dieses Schutzgut das Individualinteresse des Verdächtigten an Freiheit von staatlicher Verfolgung (Individualgutslehre).[2] Die zweite Auffassung sieht die staatliche Rechtspflege als das Schutzgut des § 164 StGB an (Rechtspflegetheorie).[3] Überwiegend wird die Alternativitätsauffassung vertreten, derzufolge beide genannten Rechtsgüter alternativ von § 164 StGB geschützt werden.[4] Alternativität bedeutet in diesem Zusam-

---

[1] Siehe hierzu die Ausführungen unten im 6. Kapitel, insbesondere auch Fußn. 226 dazu, daß in früherer Zeit noch eine vierte Auffassung zum Rechtsgut des § 164 StGB vertreten wurde.

[2] So insbesondere *Hirsch*, Schröder-Gedächtnisschrift, S. 307, 310 ff., und ZStW 89 (1977), 930, 940. Ihm zustimmend *Bottke*, JA 1980, 93, 98, auch *Schmidhäuser*, Besonderer Teil, Rn. 6/6; *Schneider*, Grund und Grenzen des strafrechtlichen Selbstbegünstigungsprinzips, S. 316 ff.; *Vormbaum*, Der strafrechtliche Schutz des Strafurteils, S. 449 ff.; ders., in: Nomos-Kommentar, § 164 Rn. 10.

[3] So vor allem *Langer*, Die falsche Verdächtigung, S. 64 ff.; ders., GA 1987, 289, 295 ff., sowie ders., Schlüchter-Gedächtnisschrift, S. 361, 366. Ihm folgend *Deutscher*, Grundfragen der falschen Straftatverdächtigung (§ 164 Abs. 1 StGB), S. 10 ff., 31 f.; *Maurach/Schroeder/Maiwald*, Besonderer Teil 2, § 99 Rn. 5; *Otto*, Besonderer Teil, § 95 Rn. 1; *Rudolphi/Rogall*, in: Systematischer Kommentar, 7. Aufl., § 164 Rn. 1.

[4] Im Sinne der Alternativitätslehre die Rechtsprechung seit BGHSt 5, 66, 68, wie etwa BGHSt 9, 240, 242; OLG Düsseldorf, NJW 1962, 1263, 1263 f.; OLG Karlsruhe, Die Justiz 1974, 343, 344. Ebenso jedoch der Großteil der Literatur: *Arzt/Weber*, Besonderer Teil, § 48 Rn. 1 f.; *Blei*, Besonderer Teil, S. 422; *Bockelmann*, Besonderer Teil/3, S. 38; *Fahrenhorst*, JuS 1987, 707, 708; *Geilen*, Jura 1994, 251; *Krey*, Besonderer Teil 1, Rn. 589 f.; *Küper*, Besonderer Teil, S. 310; *Küpper*, Besonderer Teil 1, § 3 Rn. 21; *Lackner/Kühl*, StGB, § 164 Rn. 1; *Ruß*, in: Leipziger Kommentar, 11. Aufl., § 164 Rn. 2 f.; *Rengier*, Besonderer Teil II, § 50 Rn. 1; *Lenckner*, in: Schönke/Schröder, StGB, § 164 Rn. 1 f.; *Schröder*, NJW 1965, 1888, 1890; *Tröndle/Fischer*, StGB, § 164

menhang, daß schon die Verletzung eines dieser beiden Rechtsgüter für eine Strafbarkeit ausreichen soll. Die Strafbarkeit des Täters ist dadurch zum einen bei der Verdächtigung vor einem ausländischen – und nach der überwiegenden Auffassung *nicht* geschützten[5] – Rechtspflegeorgan gegeben, da es hier bei der Individualrechtsbeeinträchtigung verbleibt.[6] Zum anderen ist so eine Bestrafung nach § 164 StGB auch im Falle des Vorliegens einer eine Individualgutsverletzung ausschließenden Einwilligung des Verdächtigungsopfers möglich, da die Einwilligung nicht die Beeinträchtigung der Rechtspflege berührt.[7]

Umstritten ist ferner, ob schon die bloße Beweislagenfälschung, also das Vorlegen oder Unterschieben belastenden Beweismaterials ohne die gleichzeitige sprachliche Verdächtigung eines anderen, in den Tatbestand des § 164 Abs. 1 StGB einbezogen werden kann.[8] Zu dieser Frage hat der BGH bislang nicht Stellung genommen, sondern in BGHSt 9, 240 ff. allein

---

Rn. 2; *Wessels/Hettinger*, Besonderer Teil/1, Rn. 688. Auch *Schilling*, Armin-Kaufmann-Gedächtnisschrift, S. 595, 599 ff., setzt die Alternativität jedenfalls voraus.

[5] Dies soll im Rahmen der vorliegenden Arbeit nicht hinterfragt werden; vgl. allerdings unten Fußn. 257.

[6] Siehe die oben in Fußn. 4 Genannten.

[7] Siehe oben Fußn. 4.

[8] Hiergegen *Langer*, Lackner-Festschrift, S. 541, 545 ff., sowie Tröndle-Festschrift, S. 265, 267 ff., und ihm folgend *Geerds*, Jura 1985, 617, 618 Fußn. 12; *Schneider*, Grund und Grenzen des strafrechtlichen Selbstbegünstigungsprinzips, S. 309 Fußn. 26; *Vormbaum*, in: Nomos-Kommentar, § 164 Rn. 10 ff.; *Wessels/Hettinger*, Besonderer Teil/1, Rn. 694. Anders im Ergebnis die Rechtsprechung wie BGHSt 9, 240, 241 ff. Überwiegend anders auch die Literatur mit *Arzt/Weber*, Besonderer Teil, § 48 Rn. 7; *Blei*, Besonderer Teil, S. 424; *Bockelmann*, Besonderer Teil/3, S. 39 f.; *Deutscher*, Grundfragen der falschen Straftatverdächtigung (§ 164 Abs. 1 StGB), S. 149 ff.; *Geilen*, Jura 1994, 251, 253; *Krey*, Besonderer Teil 1, Rn. 592; *Küper*, Besonderer Teil, S. 307; *Küpper*, Besonderer Teil 1, § 3 Rn. 23; *Maurach/Schroeder/Maiwald*, Besonderer Teil 2, § 99 Rn. 13; *Otto*, Besonderer Teil, § 95 Rn. 4; *Rengier*, Besonderer Teil II, § 50 Rn. 7; *Rudolphi/Rogall*, in: Systematischer Kommentar, 7. Aufl., § 164 Rn. 12; *Ruß*, in: Leipziger Kommentar, 11. Aufl., § 164 Rn. 5; *Schmidhäuser*, Besonderer Teil, Rn. 6/8; *Lenckner*, in: Schönke/Schröder, StGB, § 164 Rn. 8; *Tröndle/Fischer*, StGB, § 164 Rn. 3; *Welp*, JuS 1967, 507, 510.

eine entsprechende tatrichterliche Verurteilung kurzerhand gebilligt.[9] Von den Gegnern dieser BGH-Rechtsprechung wird mit dem Wortlaut des § 164 Abs. 2 StGB („*sonstige* Behauptung tatsächlicher Art") argumentiert, welcher es für Absatz 1 der Vorschrift ausschließe, die bloße Manipulation von Beweismitteln ausreichen zu lassen.[10]

Umstritten ist auch die Frage, ob das Leugnen eigener Täterschaft, sofern es durch das Verdächtigen eines anderen über das bloße Abstreiten hinausgeht, ein Verdächtigen i. S. d. § 164 StGB darstellen kann.[11] Es ist zuzugeben, daß bei einem etwa auf verschiedene Insassen desselben Fahrzeugs beschränkten Verdacht schon das bloße Abstreiten („Ich bin nicht gefahren.") einen anderen quasi automatisch kompromittieren kann; entsprechend wird eine Sonderbehandlung dieser Situation gefordert.[12] Ebenfalls befürwortet wird, die besondere Situation des lügenden Angeklagten (teilweise: auch des Zeugen) vor Gericht rechtfertige seine Straffreiheit und damit eine vorzugsweise Behandlung.[13]

---

[9] Jedenfalls ist nichts anderes aus den in BGHSt 9, 240 ff. nur auszugsweise wiedergegebenen Entscheidungsgründen ersichtlich.

[10] Siehe zu diesem systematischen Argument ausführlich unten S. 39 f.

[11] Dafür *Langer*, Lackner-Festschrift, S. 541, 569; ders., GA 1987, 289, 301; ders., JZ 1987, 804, 808 f.; ders., Schlüchter-Gedächtnisschrift, S. 361, 367 ff.; *Otto*, Besonderer Teil, § 95 Rn. 4; *Schneider*, Grund und Grenzen des strafrechtlichen Selbstbegünstigungsprinzips, S. 310 f., ders., NZV 1992, 471, 473. Anders allerdings BayObLG, JZ 1985, 753, anders wohl auch OLG Düsseldorf, NJW 1992, 1119, 1120. Den Gerichten folgend *Arzt/Weber*, Besonderer Teil, § 48 Rn. 17; *Bienko*, NZV 1993, 98; *Fahrenhorst*, JuS 1987, 707, 708; *Fezer*, Stree/Wessels-Festschrift, S. 663, 677; *Geilen*, Jura 1984, 251, 255; *Geppert*, JK-StGB, § 164/1; *Küper*, Besonderer Teil, S. 307; *Kuhlen*, JuS 1999, 396, 398; *Lackner/Kühl*, StGB, § 164 Rn. 4; *Rengier*, Besonderer Teil II, § 50 Rn. 19; *Rudolphi/Rogall*, in: Systematischer Kommentar, 7. Aufl., § 164 Rn. 13; *Ruß*, in: Leipziger Kommentar, 11. Aufl., § 164 Rn. 6; *Lenckner*, in: Schönke/Schröder, StGB, § 164 Rn. 5; *Vormbaum*, in: Nomos-Kommentar, § 164 Rn. 27 f.; *Wessels/Hettinger*, Besonderer Teil/1, Rn. 697.

[12] Vgl. die Nachweise oben Fußn. 11, beginnend mit BayObLG, JZ 1995, 753.

[13] Vgl. die Nachweise oben Fußn. 11, beginnend mit BayObLG, JZ 1995, 753. Die mit diesem Problem zusammenhängenden Fragen sollen vorliegend nicht weiter ausdifferenziert werden.

Kontrovers ist zudem, wie das Absichtsmerkmal in § 164 StGB zu verstehen ist, ob insbesondere schon der direkte Vorsatz Absicht i. S. d. Vorschrift ist, wie es die überwiegende Auffassung im vermeintlichen Gefolge der Rechtsprechung propagiert.[14] Hier soll in aller Vorsicht lediglich darauf hingewiesen werden, daß es sich bei diesem Streit möglicherweise um das rein terminologische Problem der unzutreffenden Gleichsetzung von einerseits Absicht sowie andererseits Beweggrund oder Motiv durch die Mehrzahl von Autoren handelt. In seiner Leitentscheidung zu diesem Thema definiert der BGH im Leitsatz, Absicht sei „nicht gleichbedeutend mit dem Beweggrund des Handelns", sondern vielmehr genüge, „daß der Täter ein behördliches Verfahren gegen den Verdächtigten herbeiführen will, mag er dabei auch einen anderen Endzweck verfolgen".[15] Bereits der letzte Teil dieser Definition macht – zutreffend – deutlich, daß man etwas zwar wollen und damit beabsichtigen kann, daß hierin jedoch nicht zugleich auch der Beweggrund des jeweiligen Handelns liegen muß.

Ein Beispiel zu dem Vorstehenden: Wer einen anderen in dem Glauben falsch verdächtigt, der andere werde zu einer Freiheitsstrafe verurteilt werden und so könne er, der Täter, sich ungehindert an die Frau des Opfers heranmachen, der beabsichtigt auch die Verurteilung zu der Freiheitsentziehung als notwendiges Durchgangsstadium bei der Realisierung des von

---

[14] So die Mehrzahl der Autoren, etwa *Arzt/Weber*, Besonderer Teil, § 48 Rn. 14; *Deutscher*, Grundfragen der falschen Straftatverdächtigung (§ 164 Abs. 1 StGB), S. 87 ff.; *Fahrenhorst*, JuS 1987, 707, 708; *Gehrig*, Der Absichtsbegriff in den Straftatbeständen des Besonderen Teils des StGB, S. 103; *Geilen*, Jura 1984, 251, 252; *Krey*, Besonderer Teil 1, Rn. 597; *Küpper*, Besonderer Teil 1, § 3 Rn. 27; *Lackner/Kühl*, StGB, § 164 Rn. 9; *Lenckner*, NJW 1967, 1890, 1893 f.; *Maurach/Schroeder/Maiwald*, Besonderer Teil 2, § 99 Rn. 24; *Miehe*, JuS 1996, 1000, 1007; *Ostendorf*, JZ 1987, 335, 339; *Rengier*, Besonderer Teil II, § 50 Rn. 24; *Rudolphi/Rogall*, in: Systematischer Kommentar, 7. Aufl., § 164 Rn. 42; *Ruß*, in: Leipziger Kommentar, 11. Aufl., § 164 Rn. 31; *Saal*, NZV 1998, 218; *Schneider*, Grund und Grenzen des strafrechtlichen Selbstbegünstigungsprinzips, S. 312 ff.; *Lenckner*, in: Schönke/Schröder, StGB, § 164 Rn. 32. Anders nur *Bockelmann*, Besonderer Teil/3, S. 43; *Langer*, GA 1987, 289, 305 f.; *Schmidhäuser*, Besonderer Teil, Rn. 6/8; *Tröndle/Fischer*, StGB, § 164 Rn. 16; *Vormbaum*, in: Nomos-Kommentar, § 164 Rn. 64; *Wessels/Hettinger*, Besonderer Teil/1, Rn. 701.

[15] BGHSt 13, 219.

ihm verfolgten Endzwecks; es kommt ihm auch auf diese Freiheitsentziehung und schon auf die Einleitung des Strafverfahrens gegen sein Opfer an.

Diese Selbstverständlichkeit wird jedoch immerhin von der zahlenmäßig überwiegenden Meinung nicht erkannt, welche hierzu sagen würde, die Freiheitsstrafe werde nicht beabsichtigt, sondern allein die günstige Gelegenheit zum Heranmachen an die Frau des Opfers. Auf Deliktstatbestände wie § 164 Abs. 1 StGB bezogen[16] bedeutet die Rechtsprechung des BGH, daß deren Absichtsmerkmale auch als Absicht im streng finalen Sinn verstanden werden können, ohne zugleich den Täter freisprechen zu müssen, der noch etwas anderes erreichen wollte. Diese Überlegung findet sich auch nicht in den monographischen Ausführungen *Gehrigs* zum Absichtsbegriff in § 164 StGB.[17]

Zur Begründung der Auffassung, in bezug auf das dem Verdächtigten drohende Verfahren reiche direkter Vorsatz aus, wird verbreitet auf die Deliktsnatur des § 164 StGB abgestellt: Bei § 164 StGB, so wird zum einen gesagt, habe der Gesetzgeber die Vollendung „vordatiert“ und die Rechtsgutsverletzung zum bloßen Gegenstand der Absicht gemacht.[18] Zum anderen wird darauf hingewiesen, das „Vollbild des Unrechts“ liege bei § 164 StGB bereits in der Tathandlung begründet.[19] Diese sich diametral entgegenstehenden Untersuchungsergebnisse zeigen allenfalls, daß sich das zutreffende Verständnis des Absichtsmerkmals bei § 164 StGB *nicht* aus des-

---

[16] Der Gedanke läßt sich jedoch ohne weiteres auf in sämtlichen anderen Strafvorschriften etwa erforderliche Absichten übertragen.

[17] *Gehrig*, Der Absichtsbegriff in den Straftatbeständen des Besonderen Teils des StGB, S. 102 ff. – *Gehrig* spricht u. a. davon, die gesetzgeberische Entscheidung für das Erfordernis des direkten Vorsatzes („wider besseres Wissen“) akzeptieren zu müssen (a. a. O., S. 104). Es fragt sich, weshalb dann nicht auch die Entscheidung für das verfahrensbezogene Absichtsmerkmal akzeptiert werden muß.

[18] *Lenckner*, NJW 1965, 1890, 1893. In der Sache übereinstimmend *Deutscher*, Grundfragen der falschen Straftatverdächtigung (§ 164 Abs. 1 StGB), S. 88 f.

[19] *Schneider*, Grund und Grenzen des strafrechtlichen Selbstbegünstigungsprinzips, S. 313 f., sowie *Gehrig*, Der Absichtsbegriff in den Straftatbeständen des Besonderen Teils des StGB, S. 103.

sen Deliktsnatur erschließen läßt. Jedenfalls ergibt sich auf diese Weise kein Argument für eine Aufweichung des Absichtsmerkmals.

Nicht befriedigend gelöst ist bislang auch das Problem des erforderlichen Grades der Abweichung der falschen Verdächtigung von der Wahrheit; zu seiner Bewältigung bedürfte es einer gesonderten Untersuchung.

Auf eine Beantwortung wartet zudem die im Thema dieser Arbeit genannte Frage, wie der Begriff der „rechtswidrigen Tat“ in § 164 Abs. 1 StGB zu verstehen ist und ob er insbesondere den *Gegenstand der falschen Verdächtigung* abschließend kennzeichnet. Dabei geht es u. a. darum, daß der reine Gesetzeswortlaut des § 164 Abs. 1 StGB auch dann verwirklicht ist, wenn das Opfer wegen einer bloß rechtswidrigen und (regelmäßig)[20] nicht die Gefahr einer Strafverfolgung bergenden Tat verdächtigt wird. Entsprechend wird der Tatbestand korrigierend ausgelegt. Zur Veranschaulichung kann das einfache Beispiel dienen, daß der Täter sein Opfer der angeblichen Begehung einer – auch dies teilt der Täter dem Adressaten der Verdächtigung mit – bereits vor vielen Jahren (angeblich) vorgefallenen Straftat bezichtigt. Diese (angebliche) Straftat kann wegen eingetretener Verjährung unter keinen Umständen mehr verfolgt worden, so daß hier allgemein eine einschränkende Auslegung des § 164 Abs. 1 StGB befürwortet wird: Solche „ungefährlichen“ Verdächtigungen sollen nach allgemeiner Ansicht nicht bestraft werden. Mehrheitlich befürwortet wird auch, den Tatbestand des § 164 Abs. 1 StGB im Fall einer (jedenfalls in bezug auf die Rechtswidrigkeit der vorgeworfenen Tat) zutreffenden Verdächtigung und dem bloßen Verschweigen etwa der Verjährung der Tat, welches erst die Gefahr einer Strafverfolgung des angeblichen Täters schafft, anzuwenden.

Rudolphi/Rogall vertreten hierzu jedoch die von sämtlichen sonstigen Stellungnahmen abweichende Meinung, als Gegenstand der Straftat nach § 164 Abs. 1 StGB könne nur dann mehr verlangt werden als eine allein rechtswidrige Tat, nämlich zusätzlich die vollständige Straf- und Verfolgbarkeit der Tat, wenn sich dies zugunsten des Täters auswirke. Allein wenn es um

[20] Es gibt Fälle, in denen ausnahmsweise bereits die nur rechtswidrige Tatbegehung Anknüpfungspunkt für strafrechtliche Sanktionen ist.

die Frage gehe, wie im Fall der Verdächtigung wegen einer nur rechtswidrigen, jedoch nicht verfolgbaren Tat zu verfahren sei, dürfe – zugunsten des Täters – die Strafbarkeit aus § 164 Abs. 1 StGB verneint werden. Die Strafbarkeit dürfe dagegen nicht zu seinen Lasten bejaht werden, falls sich die Gefährlichkeit der Verdächtigung allein aus dem Verschweigen entlastender, jedoch nicht unrechtsrelevanter Umstände bei einer als solche geschehenen rechtswidrigen Tat ergebe.[21] Da der Versuch zur Widerlegung der Begründung *Rudolphi/Rogalls* bislang nicht unternommen worden ist, kann die dahinterstehende Frage nach wie vor als unbeantwortet gelten.[22]

B. Gliederung der vorliegenden Arbeit

Die vorliegende Arbeit behandelt also die Frage, ob der *Gegenstand der falschen Verdächtigung* mit dem Begriff „rechtswidrige Tat“ in § 164 Abs. 1 StGB abschließend beschrieben ist oder ob insbesondere zusätzlich das Bestehen der Gefahr von Ermittlungen gegen den Verdächtigten erforderlich ist. Die Frage nach dem Gegenstand der falschen Verdächtigung kann auch noch unter einem anderen Gesichtspunkt gestellt werden, und zwar in bezug darauf, wie die rechtswidrige Tat von dem Täter des § 164 Abs. 1 StGB beschrieben werden muß, ob er den von ihm Verdächtigten einer bestimmten von diesem tatsächlich nicht verübten Straftat beschuldigen muß oder aber die Behauptung bestimmter in Wahrheit nicht vorliegender Tatsachen ausreicht. Hierbei handelt es sich im übrigen um eine maßgebliche Vorfrage zu dem Thema dieser Arbeit, da die Beschuldigung mit einer „rechtswidrigen Tat“ sowie die Behauptung von eine „rechtswidrige Tat“ ergebenden Tatsachen grundlegend verschieden sind. Insbesondere setzt § 164 Abs. 1 StGB – folgt man der Beschuldigungslehre – als Gegenstand der Verdächtigung stets eine nicht geschehene (oder jedenfalls nicht von dem Verdächtigten verübte) Straftat voraus; nach der Behauptungslehre ist die wirkliche Strafbarkeit des Verdächtigten (jenseits darin

[21] *Rudolphi/Rogall*, in: Systematischer Kommentar, 7. Aufl., § 164 Rn. 23 f. Vgl. auch ausführlich das 2. Kapitel, Abschn. D.

[22] Dies liegt möglicherweise daran, daß die Diskussion über die falsche Verdächtigung im strafrechtlichen Schrifttum derzeit nicht mehr so lebhaft ist wie noch vor einigen Jahren; so *Langer*, Schlüchter-Gedächtnisschrift, S. 361.

etwa enthaltener tatsächlicher Umstände) für die Frage des tauglichen Verdächtigungsgegenstands dagegen irrelevant. Die Darstellung dieses Meinungsstreits wird im ersten Kapitel der Arbeit erfolgen.

Im zweiten Kapitel wird es darum gehen, das in dieser Arbeit zu behandelnde Problem der Auslegung des Tatbestandes der falschen Verdächtigung (§ 164 Abs. 1 StGB) sowie den Streitstand darzustellen. Die Frage nach dem Gegenstand der falschen Verdächtigung ist zwischen einer Mehrheits- sowie einer abweichenden Meinung umstritten. Bei der Analyse des Streitstandes müssen zwei Situationen unterschieden werden: Einerseits ist dies die unzutreffende Schilderung einer rechtswidrigen, jedoch nicht auch schuldhaft verwirklichten oder sonst nicht straf- und verfolgbaren Tat (bei welcher die Gefahr der Einleitung von Ermittlungen gegen den Verdächtigten *nicht* besteht), andererseits die in bezug auf die Rechtswidrigkeit zutreffende Schilderung einer rechtswidrigen Tat unter Verschweigen bestimmter, zwar nicht unrechts-, jedoch schuld- oder sonst strafbarkeits- oder verfolgbarkeitsrelevanter Umstände[23]. In der zuletzt angeführten Situation besteht die Gefahr der Einleitung eines Ermittlungsverfahrens.

Das dritte Kapitel befaßt sich, nachdem sich im zweiten Kapitel gezeigt hat, daß *Rudolphi/Rogall* im Systematischen Kommentar zum StGB unter Berufung auf Art. 103 Abs. 2 GG eine von den sonstigen Autoren abweichende Auffassung vertreten, mit jenem Verfassungssatz. Dabei werden insbesondere dessen einschlägige Gewährleistungen, seine Bedeutung für das Strafrecht und sein Verhältnis zur Auslegung einfacher Gesetze dargestellt. Danach wird es noch im dritten Kapitel um eine Präzisierung der Grundsätze des Art. 103 Abs. 2 GG gehen, bevor das Gemeinte anhand eines Beispiels veranschaulicht werden soll.

---

[23] In dieser Arbeit wird – da nicht Teil der vorliegenden Aufgabenstellung – der jeweilige Begriffsinhalt von Unrecht, Schuld, Straf- sowie Verfolgbarkeit nicht erläutert werden. Jedenfalls kann davon ausgegangen werden, daß nicht jede strafbare Tat auch verfolgbar ist; aus diesem Grund muß die Verfolgbarkeit einer Tat neben ihrer Strafbarkeit jedesmal explizit erwähnt werden. Vgl. zu der dieser Arbeit zugrundeliegenden Straftatsystematik *Langer*, Das Sonderverbrechen, S. 273 ff.

Nachdem sich aus dem dritten Kapitel die Richtigkeit der zahlenmäßig herrschenden, dem Bestimmtheitsgrundsatz keine entscheidende Bedeutung für die Auslegung des Delikts der falschen Verdächtigung sowie des Begriffes der „rechtswidrigen Tat“ in § 164 Abs. 1 StGB zumessenden Meinung der strafrechtlichen Literatur ergeben hat, handelt das vierte Kapitel von der für das Thema dieser Arbeit überaus bedeutsamen Lehre vom konkludenten Rechtsgeschäft. Diese Lehre mag zwar zuvorderst eine bürgerlich-rechtliche Rechtsfigur sein; sie ist jedoch auch strafrechtlich relevant, wie nicht allein die Vorschrift des § 164 Abs. 1 StGB, sondern auch das Beispiel der Erklärungen des Bieters im Rahmen eines Ausschreibungsverfahrens zeigt. Der Darstellung dieses Beispiels ist im vierten Kapitel ein eigener Abschnitt gewidmet. Vorab wird aufgewiesen werden, aus welchem Grund hier Parallelen zur bürgerlich-rechtlichen Lehre vom konkludenten Rechtsgeschäft gezogen werden können; anschließend werden diese Parallelen tatsächlich aufgezeigt, um diese Lehre für das vorliegende Problem nutzbar zu machen.

Auf Grundlage der in den voraufgegangenen Kapiteln erarbeiteten Erkenntnisse wird § 164 Abs. 1 StGB im fünften Kapitel ausgelegt werden. Auch jene Erkenntnisse gehören zu den allgemein anerkannten Auslegungskriterien, so die Untersuchung der Verfassungsnorm des Art. 103 Abs. 2 GG im dritten Kapitel zur systematischen Auslegung des § 164 Abs. 1 StGB.[24] Die im vierten Kapitel aufgeworfene Frage nach konkludenten Erklärungen des Täters bereitet die tatsächliche Grundlage für die Gesetzesauslegung anhand aller anerkannten Auslegungskriterien. Die wortlautgebundene Auslegung des § 164 Abs. 1 StGB führt zu keinem Ergebnis, da weder § 11 Abs. 1 Nr. 5 StGB noch die amtliche Überschrift zu § 164 StGB allein ein bestimmtes Auslegungsergebnis nahelegen.[25] Daß

---

[24] Die „verfassungskonforme Auslegung“ einer einfachgesetzlichen Vorschrift mit Blick auf eine Norm des GG ist nach Ansicht des Verfassers Teil der systematischen Auslegung der einfachgesetzlichen Bestimmung. Aufgrund des Vorrangs der Verfassung determiniert sie die Auslegung anhand weiterer Kriterien zwar, wird jedoch nicht deren Bestandteil.

[25] Für den Verfasser ist neben der Einbeziehung der amtlichen Überschrift zu einer Vorschrift des StGB auch die Auswertung einer Begriffsbestimmung wie in § 11 Abs. 1 StGB Teil der wortlautgebundenen Auslegung der Vorschrift.

hier zudem (auch jenseits des Art. 103 Abs. 2 StGB) die systematische Auslegung ebensowenig Hilfe bietet wie die historische Auslegung, soll gleichfalls noch im fünften Kapitel diskutiert werden. Damit verbleibt die teleologische, die an Sinn und Zweck des § 164 Abs. 1 StGB orientierte Auslegung, welche jedoch zunächst nicht vorgenommen werden kann, da eben Sinn und Zweck der Vorschrift nicht eindeutig feststehen.

Im sechsten Kapitel wird daher die hochkontroverse Frage des von § 164 StGB geschützten Rechtsguts behandelt. Vorab müßte geklärt werden, was im allgemeinen von Strafvorschriften geschützt wird: Dies ist das jeweils einschlägige Rechtsgut. Unklar ist jedoch bereits, was genau ein strafrechtliches Rechtsgut ist. Nach dem Versuch dieser Begriffsklärung wird dann ausführlich auf die Argumente der Individualguts-, der Rechtspflege- sowie der Alternativitätsauffassung eingegangen werden, bevor dann die eigene Erkenntnis im Sinne eines bestimmten Schutzgutes entwickelt wird.

Damit ist der Weg zur teleologischen Auslegung des § 164 Abs. 1 StGB im siebten Kapitel geebnet.

Im achten Kapitel soll das von der Thematik der vorliegenden Arbeit ebenfalls erfaßte und im zweiten Kapitel ebenfalls dargestellte, später jedoch aufgrund seiner Eigenheiten aus dem Blick geratene und im Verhältnis zu dem zuvor behandelten in gewisser Weise spiegelbildliche Problem der unzutreffenden Schilderung einer rechtswidrigen Tat bei Mitschilderung straf- oder verfolgbarkeitsausschließender Umstände behandelt werden. Die Beantwortung der damit aufgeworfenen Fragen hängt nicht mit Art. 103 Abs. 2 GG zusammen und ist damit anders gelagert als das Problem der in bezug auf die Rechtswidrigkeit zutreffenden Schilderung einer rechtswidrigen Tat unter bloßem Verschweigen bestimmter entlastender Umstände.

Im neunten und letzten Kapitel wird dann – in aller Kürze – das Ergebnis der Untersuchung zusammengefaßt werden.

Kapitel 1: Beschuldigungs- und Behauptungsauffassung

A. Erläuterung der Streitfrage

In der vorliegenden Arbeit handelt es sich um das Problem, was genau der Täter der falschen Verdächtigung über die angebliche Tat des Verdächtigungsopfers mitgeteilt hat – und zwar bezogen auf deren Straf- sowie Verfolgbarkeit und genauer: bezogen auf die Bestandteile jeder Straftat, also Unrechtstatbestandsmäßigkeit, Rechtfertigung, Schuld sowie sonstige Straftat- und Verfolgbarkeitselemente[26].

Insoweit geht es in dieser Arbeit also um den Gegenstand der falschen Verdächtigung, nicht jedoch insoweit, als auch in Frage gestellt werden kann, auf welche Weise der Täter der falschen Verdächtigung die angebliche Tat beschreiben muß. Es ist unklar, ob er das Verdächtigungsopfer der Begehung einer bestimmten Straftat bezichtigen muß (ohne hierbei notwendigerweise dieser Bezichtigung zugrundeliegende Tatsachen unwahr zu behaupten) oder ob er bestimmte unzutreffende Tatsachen vorbringen muß, aus welchen sich eine Straftat ergibt. Dies ist der zwischen Beschuldigungsauffassung einerseits sowie Behauptungsauffassung andererseits umstrittene Punkt. Wie bereits bemerkt, stellt die Alternative zwischen erfor-

---

[26] Im weiteren Verlauf der Arbeit wird nicht erläutert werden, daß zur Schuld sowie zur Strafbarkeit (wie unbestrittenermaßen zum Unrecht) auch deren jeweilige Begründung im Schuld- bzw. Straftatbestand (letzterer i. e. S.) zählt, bevor dann eine Entschuldigung bzw. ein Straftatausschluß in Betracht zu ziehen ist. Beispielsweise hindert die Schuldunfähigkeit des Straftäters (§ 20 StGB) bereits die Verwirklichung des Schuldtatbestandes und ist kein Entschuldigungs- = Schuldausschlußgrund. Aus diesem Grund kann in der vorliegenden Arbeit nicht die Ausdrucksweise etwa der Rechtsprechung unkritisch übernommen werden, die allein von einem „Verschweigen schuld- oder strafausschließender Umstände" spricht (z. B. BGH, bei Dallinger, MDR 1956, 269, 270), wobei das Verschweigen sämtlicher schuld- sowie strafbarkeitsrelevanter (und zudem der erst die Verfolgbarkeit betreffenden) Tatumstände ebenso schwer wiegt. Vgl. zu der dieser Arbeit zugrundeliegenden Straftatsystematik *Langer*, Das Sonderverbrechen, S. 273 ff.

derlicher Beschuldigung sowie erforderlicher Tatsachenbehauptung eine Vorfrage des vorliegenden Problems dar.[27]

Bei dem Streit zwischen Beschuldigungs- und Behauptungsauffassung geht es genauer gesagt darum, ob für die Falschheit der Verdächtigung, welche wiederum wegen des Tatbestandsmerkmals „wider besseres Wissen" und auch wegen der Überschrift des § 164 StGB („Falsche Verdächtigung") erforderlich ist, die von dem Verdächtiger aufgestellten Tatsachenbehauptungen oder aber das von dem Verdächtiger geäußerte Verdachtsurteil (ohne dessen Fundierung durch unwahre Tatsachenbehauptungen) maßgeblich ist.

Verdachtsurteil ist in diesem Zusammenhang beispielsweise die Mitteilung, A habe einen Totschlag begangen;[28] eine Tatsachenbehauptung stellt dagegen die Mitteilung dar, A habe mit einem Messer den B erstochen. Vereinfachend kann gesagt werden, daß sich der Streit zwischen Beschuldigungs- sowie Behauptungsauffassung im Rahmen der Auslegung des gesetzlichen Merkmals „Verdächtigen" abspielt. Dagegen wird es sich in den diesem folgenden Kapiteln um das richtige Verständnis des Begriffs „rechtswidrige Tat" handeln.

Zur weiteren Veranschaulichung der Materie kann der der nachfolgend angesprochenen Leitentscheidung des BGH zugrundeliegende Sachverhalt herangezogen werden: Dort hatte ein Ladendetektiv behauptet, er habe beobachtet, wie eine Kundin das Preisschild an einem Warenkarton ausgetauscht habe. Es stellte sich jedoch heraus, daß der Detektiv dies nicht un-

---

[27] Siehe oben in der Einleitung S. 17.

[28] Auch die Äußerung einer Beschuldigung enthält stets eine Tatsachenbehauptung, und zwar die Behauptung, man habe von der Straftat Kenntnis erlangt. Bei der Behauptung einer Tatsache i. S. d. § 164 StGB (nach dem Verständnis der Behauptungsauffassung) muß es sich allerdings gerade um die Behauptung einer Verdachtstatsache, also einer einen Straftatverdacht begründenden Tatsache, handeln. Dazu zählen allerdings nicht sämtliche Beschuldigungen („A hat den Rasenmäher des B gestohlen und anschließend heimlich wieder zurückgebracht.": Diese Tatsachen begründen nicht den Verdacht eines Diebstahls gem. § 242 StGB, da eine Zueignungsabsicht nicht vorliegen wird.); vgl. dazu weiter unten Abschn. C I.

mittelbar beobachtet haben konnte und es sich allein um seine Schlußfolgerung gehandelt hatte. Ob die Kundin das Preisschild tatsächlich ausgetauscht hatte (und sich so mindestens eines Betrugsversuchs schuldig gemacht hatte, Anm. d. Verf.)[29], konnte nicht festgestellt werden, da zu dem fraglichen Zeitpunkt zufällig *auch* Sonderangebotsware mit einem niedrigeren, der Preisauszeichnung nach der möglichen Manipulation exakt entsprechenden Preisschild in dem Laden vorhanden war.[30] Hierbei handelt es sich um einen Fall klarer Divergenz zwischen (unzutreffenden) Tatsachenbehauptungen sowie (möglicherweise zutreffender) Beschuldigung. Entsprechend würde die Behauptungsauffassung eine Strafbarkeit des Detektivs wegen falscher Verdächtigung bejahen, die Beschuldigungsauffassung sie dagegen verneinen.

B. Darstellung der Rechtsprechung

In der stets zitierten Leitentscheidung aus dem Jahr 1987 hat der BGH beschlossen, „wer wider besseres Wissen ein falsches Beweismittel oder ein falsches Beweisanzeichen für die rechtswidrige Tat eines anderen vorbringt, erfüllt den Tatbestand des § 164 Abs. 1 StGB nicht, wenn der andere die rechtswidrige Tat (möglicherweise) begangen hat."[31] Damit bejaht der BGH die (auch aus der BGH-Entscheidung ersichtliche) Vorlagefrage des OLG Hamburg,[32] ob eine falsche Verdächtigung i. S. d. § 164 Abs. 1 StGB nur dann vorliege, wenn der Verdächtigte objektiv die ihm zur Last gelegte strafbare Handlung nicht begangen hat, gibt für seine Auffassung

---

[29] Nach Ansicht des Verfassers kann in dem (angeblichen) Austausch des Preisetiketts bereits ein unmittelbares Ansetzen zur Täuschung der Kassiererin gesehen werden. Dagegen könnte ein Urkundendelikt deshalb zu verneinen sein, weil zwischen dem auf einem Warenkarton aufgeklebten Preisschild sowie der in dem Karton enthaltenen Flasche keine hinreichend feste Verbindung bestand; vgl. die Sachverhaltsdarstellung in OLG Hamburg, StV 1986, 343, 343 f. Insofern unterscheidet sich das zugrundeliegende Geschehen von dem von *Freund*, Urkundenstraftaten, Rn. 78, gebildeten Fall.

[30] BGHSt 35, 50, 50 f.

[31] BGHSt 35, 50, Leitsatz.

[32] BGHSt 35, 50, 51 f.

allerdings keine Begründung an,[33] abgesehen von dem vagen Hinweis auf den die Behauptungsauffassung angeblich nicht nahelegenden Gesetzeswortlaut[34] und der Ablehnung einer Befassung mit dem angeblich nicht einschlägigen § 164 Abs. 2 StGB[35].

Dies kann anhand der bereits bekannten Beispiele verdeutlicht werden: Der BGH hält eine falsche Verdächtigung allein dann für gegeben, wenn die Aussage, der Verdächtigte habe (beispielsweise) einen Totschlag begangen, unzutreffend ist, und es reicht danach nicht aus, daß unzutreffende Tatsachen mitgeteilt werden, etwa die fälschliche Mitteilung, der Verdächtigte habe vor den Augen des Täters einen anderen erstochen.

Der BGH teilt in der zitierten Entscheidung ausdrücklich die Rechtsauffassung des OLG Köln, derzufolge einerseits die Mitteilung unrichtiger Tatsachen allein nicht zur Bestrafung wegen falscher Verdächtigung führen könne und der Tatbestand des § 164 Abs. 1 StGB andererseits vielmehr nur dann erfüllt sei, wenn der Verdächtigte die ihm vorgeworfene Handlung nicht begangen habe.[36] Analysiert man diese Auffassung, so ergibt sich zum einen, daß nach Ansicht des Gerichts die Mitteilung unrichtiger Tatsachen allein nicht zur Tatbestandserfüllung bei § 164 Abs. 1 StGB ausreichen kann. Nach der Behauptungsauffassung ist jedoch ausschließlich die Richtigkeit der vom Täter mitgeteilten Tatsachenbehauptungen entscheidend; die Behauptungsauffassung wird folglich abgelehnt. Zum anderen enthält die Aussage, die Tatbestandserfüllung hänge von dem Vorliegen oder Nichtvorliegen der dem Verdächtigten vorgeworfenen rechtswidrigen Handlung ab, das Bekenntnis zur Beschuldigungsauffassung, bei welcher gerade das Vorliegen oder Nichtvorliegen der von dem Verdächtigungsopfer angeblich begangenen Straftat entscheidend ist.

---

[33] So auch *Langer*, Schlüchter-Gedächtnisschrift, S. 361, 375.

[34] BGHSt 35, 50, 53.

[35] BGHSt 35, 50, 54.

[36] OLG Köln, NJW 1952, 117, 117 f.

Bereits in einer früheren Entscheidung aus dem Jahr 1960 war der BGH unausgesprochen davon ausgegangen, daß es auf die Falschheit des Verdachtsurteils ankomme, wenn er in seinen dortigen Ausführungen zum inneren Tatbestand feststellte, denselben erfülle derjenige, welcher Zweifel an der Richtigkeit des von ihm geäußerten Verdachts habe, gleichwohl jedoch Anzeige erhebe, da er dann ein behördliches Verfahren gegen einen möglicherweise „Unschuldigen" wolle.[37] Diese Ausführungen beziehen sich ihrer Wortwahl nach eindeutig auf Schuld oder Unschuld im Sinne eines Straftatbestandes – und nicht im Hinblick auf das Vorliegen oder Nichtvorliegen einer bestimmten Verdachtstatsache.

Vor Ergehen der Leitentscheidung des BGH im 35. Band seiner amtlichen Entscheidungssammlung hatten mehrere Gerichte die Streitfrage in unterschiedlicher Weise entschieden: Im Sinne der Behauptungsauffassung hatten das Kammergericht,[38] das OLG Frankfurt a. M.,[39] das OLG Hamburg,[40] das OLG Karlsruhe[41] sowie das OLG Neustadt a. d. W.[42] geurteilt. Dagegen hatten im Sinne der Beschuldigungsauffassung entschieden das OLG Frankfurt a. M.,[43] das OLG Köln[44] sowie das AG Hamburg[45].

In jüngerer Zeit hat das OLG Düsseldorf im Jahr 1998 entschieden, es komme nicht auf die Unwahrheit einzelner Verdachtstatsachen, sondern ausschließlich darauf an, ob der angebliche Täter die rechtswidrige Tat begangen habe.[46] Das OLG Düsseldorf schließt sich damit der auch vom

---

[37] BGHSt 14, 240, 256.

[38] KG, JR 1963, 351.

[39] OLG Frankfurt a. M., MDR 1966, 1017, aus dem Jahr 1966.

[40] OLG Hamburg, StV 1986, 343, 344.

[41] OLG Karlsruhe, Die Justiz 1966, 158, 159.

[42] OLG Neustadt a. d. W., GA 1961, 184.

[43] OLG Frankfurt a. M., HESt. 2, 258, aus dem Jahr 1949.

[44] OLG Köln, NJW 1952, 117, 2. Leitsatz; diese Entscheidung wurde bereits zuvor (oben S. 24) dargestellt.

[45] AG Hamburg, StV 1981, 344.

[46] OLG Düsseldorf, StraFo 1999, 64, 65.

BGH vertretenen Beschuldigungsauffassung an; neuere abweichende Entscheidungen sind nicht ersichtlich.[47]

C. Darstellung der Literatur

In der Literatur sind dagegen die Vertreter der Behauptungsauffassung in der Überzahl. Daß entscheidend sei, ob die vom Täter behaupteten Verdachtstatsachen der Realität entsprechen, vertritt eine Mehrzahl der Autoren.[48] Die Beschuldigungsauffassung, derzufolge es entscheidend auf die Begehung oder Nichtbegehung der betreffenden Straftat durch den Verdächtigten ankommt, wird in der Literatur jedoch ebenfalls vertreten.[49]

Besonders zu erwähnen ist eine Kommentierung, welche ausdrücklich und unter Verwendung des Begriffs „Beschuldigungsdelikt" davon ausgeht, § 164 StGB erfasse lediglich die Verdächtigung eines Unschuldigen, jedoch hinzufügt, entscheidend sei die „objektiv richtige Würdigung" der

---

[47] Vollkommen eindeutig ist die Rechtsprechung jedoch nicht; so kann die Leitentscheidung des BGH entgegen der herkömmlichen Interpretation auch i. S. eines Mittelwegs zwischen Behauptungs- sowie Beschuldigungslehre gedeutet werden; so *Langer*, Schlüchter-Gedächtnisschrift, S. 361, 373 ff., insbesondere S. 378 f.

[48] *Arzt/Weber*, Besonderer Teil, § 48 Rn. 11; *Blei*, Besonderer Teil, S. 423; *Bockelmann*, Besonderer Teil/3, S. 41; *Deutscher*, Grundfragen der falschen Straftatverdächtigung (§ 164 Abs. 1 StGB), S. 113; ders., JuS 1988, 526, 527 f.; *Fezer*, NStZ 1988, 177; *Geerds*, Jura 1985, 617, 618; *Geilen*, Jura 1984, 300, 303; *Küpper*, Besonderer Teil 1, § 3 Rn. 25; *Lackner/Kühl*, StGB, § 164 Rn. 7; *Langer*, Tröndle-Festschrift, S. 265, 284; *Otto*, Besonderer Teil, § 95 Rn. 6; ders., Jura 2000, 217; *Rengier*, Besonderer Teil II, § 50 Rn. 12; *Rudolphi/Rogall*, in: Systematischer Kommentar, 7. Aufl., § 164 Rn. 25 ff.; *Ruß*, in: Leipziger Kommentar, 11. Aufl., § 164 Rn. 10; *Schmidhäuser*, Besonderer Teil, Rn. 6/8; *Lenckner*, in: Schönke/Schröder, StGB, § 164 Rn. 16; *Vormbaum*, in: Nomos-Kommentar, § 164 Rn. 54; *Welp*, JuS 1983, 865, 869.

[49] So insbesondere von *Schilling*, GA 1984, 345, 371, und Armin-Kaufmann-Gedächtnisschrift, S. 595, 604; auch *Krey*, Besonderer Teil 1, Rn. 596 c; *Maurach/Schroeder/Maiwald*, Besonderer Teil 2, § 99 Rn. 14 (letztere widersprüchlich: „Entscheidend ist die Vortäuschung von Tatsachen, nicht die unzutreffende rechtliche Bewertung. Andererseits bleibt die Vorspiegelung falscher Tatsachen straflos, wenn die Tat möglicherweise begangen wurde", letzterem zufolge ist die Vortäuschung von Tatsachen jedoch gerade nicht das entscheidende).

mitgeteilten Tatsachen;[50] falsche Folgerungen aus richtigen Tatsachenbehauptungen sind danach keine falsche Verdächtigung. Dabei handelt es sich um eine nicht unwesentliche Relativierung des eigenen Standpunktes; denn wenn falsche Folgerungen, m. a. W. eine falsche Subsumtion oder eine falsche Beurteilung des Sachverhalts, und dies ist jeweils nichts anderes als ein falsches Verdachtsurteil, keine falsche Verdächtigung sind, dann ist dies mit der Beschuldigungsauffassung kaum zu vereinbaren. In bestimmten Fällen, offenbar denjenigen, in welchen der Täter sowohl Verdachtstatsachen als auch ein Verdachtsurteil mitteilt, sollen letztlich doch – entsprechend der Behauptungsauffassung – die Verdachtstatsachen entscheidend sein.[51] Hierzu muß noch festgehalten werden, daß es sich bei der angeführten Fundstelle nicht um die einzige handelt, in welcher (unter Zugrundelegung der Beschuldigungsauffassung) eine solche Anzeige als straflos angesehen wird, bei welcher der Anzeigende einen zutreffenden Sachverhalt mitteilt und allein seine Bewertung dieses Sachverhalts unzutreffend ist[52].

Die Vertreter von Behauptungs- sowie Beschuldigungsauffassung streiten insbesondere über das Verhältnis des Strafprozeßrechts zu § 164 StGB und die sich hieraus ergebenden Folgerungen:

---

[50] *Tröndle/Fischer*, StGB, § 164 Rn. 6, ebenso bereits OLG Köln, MDR 1961, 618: „Belegt ... ein Anzeigender Schlußfolgerungen durch die Angabe von Tatsachen, so liegt eine strafbare Verdächtigung nur dann vor, wenn seine Behauptungen in sich schlüssig sind.“.

[51] Dazu, daß die von den Vertretern der Beschuldigungsauffassung zu leistende Definition des Tatbegriffs ohne Rückgriff auf das individualisierende Element der Tatsachenbehauptung schwierig sein dürfte, siehe *Langer*, Schlüchter-Gedächtnisschrift, S. 361, 371 f., sowie ders., Tröndle-Festschrift, S. 265, 279. – In der Tat ist nicht nachvollziehbar, auf welche Weise die Vertreter der Beschuldigungslehre den zeitlichen Rahmen abzugrenzen beabsichtigen, innerhalb dessen allein untersucht werden kann, ob eine Verdächtigung wahr oder falsch ist.

[52] In diesem Sinne *Schilling*, Armin-Kaufmann-Gedächtnisschrift, S. 595, 604, und GA 1984, 345, 353, sowie auch mehrere Gerichte, etwa KG, JR 1963, 351; OLG Karlsruhe, Die Justiz 1966, 158.

I. Argumentation der Vertreter der Behauptungsauffassung

Die Vertreter der Behauptungsauffassung rücken diesbezüglich das Argument des Bestehens einer Ermittlungspflicht der Strafverfolgungsbehörden zwar bereits, jedoch auch allein beim Vorliegen zureichender tatsächlicher Anhaltspunkte in den Mittelpunkt. Der Staatsanwalt dürfe ein Ermittlungsverfahren ohne einen auf Tatsachen gegründeten Anfangsverdacht nicht aufnehmen, auch wenn er subjektiv noch so sehr von der Beschuldigung überzeugt sei – umgekehrt müsse er bei einer entsprechenden Tatsachenlage die Ermittlungen aufnehmen, auch wenn er den Vorwurf persönlich nicht für stichhaltig erachte. Dies zeige, daß es auf das Verdachtsurteil des Amtsträgers der Strafverfolgungsbehörde weder im positiven noch im negativen Sinn ankomme.[53]

Außerdem verweisen die Befürworter der Behauptungsauffassung auf § 164 Abs. 2 StGB, wonach unter weiteren Voraussetzungen derjenige bestraft wird, welcher – wörtlich – eine „*sonstige* Behauptung tatsächlicher Art" aufstellt. Daraus ergebe sich für § 164 Abs. 1 StGB, daß sich das bessere Wissen des Täters hier ebenfalls auf die von diesem aufgestellten Behauptungen tatsächlicher Art beziehen müsse.[54] Gewichtige Gründe *gegen* die Auslegung, die behaupteten Verdachtstatsachen müßten wie bei § 164 Abs. 2 StGB auch in § 164 Abs. 1 StGB entscheidend sein, seien weder vorgetragen worden noch ersichtlich.[55]

Schließlich wird gegen die von der Rechtsprechung favorisierte Beschuldigungslehre eingewandt, unter ihrer Geltung sei der Tatbestand des § 164

[53] *Langer*, Tröndle-Festschrift, S. 265, 281, 283 f. Mit ähnlicher Begründung etwa *Arzt/Weber*, Besonderer Teil, § 48 Rn. 11 mit Fußn. 14; *Deutscher*, JuS 1988, 526, 527; *Fezer*, NStZ 1988, 177; *Geilen*, Jura 1984, 300, 303; *Rudolphi/Rogall*, in: Systematischer Kommentar, 7. Aufl., § 164 Rn. 25 ff.; *Ruß*, in: Leipziger Kommentar, 11. Aufl., § 164 Rn. 10.

[54] *Deutscher*, JuS 1988, 526, 528; *Geilen*, Jura 1984, 300, 303; *Küpper*, Besonderer Teil 1, § 3 Rn. 25; *Langer*, Tröndle-Festschrift, S. 265, 283; Otto, Jura 2000, 217; *Ruß*, in: Leipziger Kommentar, 11. Aufl., § 164 Rn. 10.

[55] So *Langer*, Tröndle-Festschrift, S. 265, 283.

StGB schon dann nicht erfüllt, wenn nicht nachgewiesen werden könne, daß ein Beschuldigungsurteil „wider besseres Wissen“ abgegeben worden sei.[56] Dies wiederum sei – so kann diese Äußerung weitergedacht werden – jedoch schon bei noch so geringen Zweifeln an der Unschuld des Denunzierten der Fall, so daß unter der Beschuldigungslehre ein Leerlaufen des § 164 Abs. 1 StGB befürchtet werden müsse.[57]

In seinem zitierten Beitrag zur Tröndle-Festschrift unterscheidet *Langer* weiter eine formelle – *allein* auf das geäußerte Verdachtsurteil abstellende – sowie eine materielle – das Verdachtsurteil in einen gewissen tatsächlichen Rahmen einkleidende – Beschuldigungsauffassung[58]. Ferner differenziert er auch eine uneingeschränkte – nur auf tatbestandsmerkmalserfüllende Tatsachen abstellende – sowie eine eingeschränkte – auch sonstige einen Verdacht ergebende Tatsachen für maßgeblich haltende – Behauptungsauffassung.[59] Diesen Unterscheidungen soll hier jedoch nicht nachgegangen werden.

---

[56] *Deutscher*, JuS 1988, 526, 528; *Langer*, Schlüchter-Gedächtnisschrift, S. 361, 371 f.; *Otto*, Jura 2000, 217, 218; *Rengier*, Besonderer Teil II, § 50 Rn. 12; *Rudolphi/Rogall*, in: Systematischer Kommentar, 7. Aufl., § 164 Rn. 25 ff.; *Ruß*, in: Leipziger Kommentar, 11. Aufl., § 164 Rn. 9 f.; *Lenckner*, in: Schönke/Schröder, StGB, § 164 Rn. 16.

[57] So ausdrücklich *Arzt/Weber*, Besonderer Teil, § 48 Rn. 11, unter Berufung auf *Herdegen*, in: Leipziger Kommentar, 10. Aufl., § 164 Rn. 9. Inhaltlich übereinstimmend *Deutscher*, JuS 1988, 526, 528; *Geilen*, Jura 1984, 300, 303; *Langer*, Schlüchter-Gedächtnisschrift, S. 361, 371; ders., Tröndle-Festschrift, S. 265, 284; *Ruß*, in: Leipziger Kommentar, 11. Aufl., § 164 Rn. 9 f.

[58] *Langer*, Tröndle-Festschrift, S. 265, 271 ff. Neben der problematischen Rückführbarkeit der Beschuldigung auf eine hinreichend konkrete Tat (vgl. dazu oben Fußn. 51) stellt sich die Frage der Vereinbarkeit der materiellen Beschuldigungslehre mit ihrem eigenen Ausgangspunkt, wonach es ausschließlich auf das Zutreffen oder Nichtzutreffen der erhobenen Beschuldigung ankommt.

[59] *Langer*, a. a. O.

II. Argumentation der Vertreter der Beschuldigungslehre

Vorab ist an dieser Stelle zu sagen, daß sich die Leitentscheidung des BGH im 35. Band seiner amtlichen Entscheidungssammlung[60] zwar – wie die nachfolgend genauer dargestellten Stimmen aus der Literatur – zur Beschuldigungsauffassung bekennt, ihre Begründung allerdings kein wirkliches Argument für die befürwortete Beschuldigungs- oder gegen die abgelehnte Behauptungsauffassung enthält.[61] Aus diesem Grund ist eine Auseinandersetzung mit Argumenten dieses Judikats naturgemäß nicht möglich.

1. Gesetzeswortlaut des § 164 Abs. 1 StGB

Die Vertreter der Beschuldigungsauffassung halten die Behauptungsauffassung, welche für die Strafbarkeit nach § 164 Abs. 1 StGB die Falschheit des mitgeteilten Sachverhalts ausreichen läßt, für mit dem möglichen Wortsinn der Bestimmung nicht vereinbar, da derjenige, der wisse, daß ein anderer eine bestimmte Straftat begangen hat, ihn nicht wider besseres Wissen dieser Tat verdächtigen könne, selbst wenn er bewußt falsche Verdachtsmomente gegen ihn vorbringe.[62] Dieses Argument mag zwar zunächst als überzeugend erscheinen, hat jedoch die Kehrseite, daß die Beschuldigungsauffassung konsequenterweise auch dort eine falsche Verdächtigung annehmen muß, wo ausschließlich die geäußerte Beschuldigung unwahr ist, das gesamte Tatsachenvorbringen hingegen wahr. Es ist in gleicher Weise problematisch, eine auf einem hundertprozentig zutreffenden Tatsachenmaterial beruhende Verdächtigung als eine solche „wider besseres Wissen“ anzusehen.

---

[60] BGHSt 35, 50.

[61] *Langer*, Tröndle-Festschrift, S. 265, 276. Der BGH befaßt sich unter Berufung auf eine einschlägige RG-Entscheidung zwar mit dem Wortlaut des § 164 Abs. 1 StGB (BGHSt 35, 50, 52 f.), ohne daß man hieraus allerdings ein Argument ableiten könnte. Gleiches gilt für die bloße Feststellung, § 164 Abs. 2 sei zur Interpretation von § 164 Abs. 1 StGB nicht heranzuziehen (a. a. O., S. 54).

[62] *Krey*, Besonderer Teil 1, Rn. 596 c.

Unter Hinweis auf das Analogieverbot nach Art. 103 Abs. 2 GG macht *Krey* sein Wortlautargument auch verfassungsrechtlich nutzbar: Der Wortlaut des § 164 Abs. 1 StGB sei bereits von Verfassungs wegen als vorrangig vor dem systematischen Argument der Gegenauffassung mit dem Wortlaut des § 164 Abs. 2 StGB anzusehen.[63]

2. Blick auf andere Vorschriften des StGB sowie die StPO

Systematisch wird als Argument für die Beschuldigungsauffassung die Vorschrift des § 154 e StPO angeführt, derzufolge zur Vermeidung einander widersprechender Entscheidungen von der Erhebung der Klage gegen den Verdächtiger abzusehen ist, solange das Verfahren gegen den Verdächtigten anhängig ist. Ein solcher Widerspruch sei jedoch nur dann zu befürchten, wenn es auch bei der Verfolgung des Verdächtigers inhaltlich um den gegen den Verdächtigten gerichteten Vorwurf und nicht lediglich um die von dem Verdächtiger aufgestellten Behauptungen gehe.[64]

Das systematische Argument der Behauptungsauffassung mit dem Wortlaut des § 164 Abs. 2 StGB („sonstige" Behauptung tatsächlicher Art) halten die Vertreter der Beschuldigungsauffassung nicht für überzeugend: So müsse sich die Auslegung des § 164 Abs. 2 StGB hinsichtlich der Falschheit an derjenigen des § 164 Abs. 1 StGB orientieren und nicht umgekehrt.[65]

In bezug auf durch § 164 StGB geschützte Individualinteressen interpretiert die Beschuldigungslehre die Verdächtigung durch falsche tatsächliche Angaben als einen in mittelbarer Täterschaft begangenen Verstoß gegen § 152 Abs. 2 StPO sowie § 336 StGB (Rechtsbeugung) und § 344 StGB (Verfolgung Unschuldiger). Diese Vorschriften böten einerseits bereits einen ausreichenden Schutz gegen irregeleitete Behörden, wendeten sich anderer-

---

[63] *Krey*, a. a. O. Siehe zum Analogieverbot und insbesondere auch zur Rangordnung verschiedener strafrechtlicher Argumente ausführlich das dritte Kapitel.

[64] *Schilling*, Armin-Kaufmann-Gedächtnisschrift, S. 595, 597.

[65] So wörtlich *Schilling*, Armin-Kaufmann-Gedächtnisschrift, S. 595, 597. Auch den BGH überzeugt das systematische Argument nicht, da „§ 164 Abs. 2 StGB den in § 164 Abs. 1 StGB geregelten Fall nicht betrifft" (BGHSt 35, 50, 54).

seits jedoch ausschließlich an die Strafverfolgungsbehörden, erfaßten nicht das täterschaftliche Verhalten von Extranen und bildeten so geradezu eine Sperre gegen die Behauptungsauffassung.[66]

Zudem wird ein die Beschuldigungsauffassung stützendes Korrespondenzverhältnis zwischen der Strafvereitelung, bei welcher es sich um die strafbare Entlastung eines Schuldigen handele, sowie der falschen Verdächtigung, bei welcher es um die strafbare Belastung eines Unschuldigen gehe, angenommen.[67] Zwischen den Aussagedelikten einerseits sowie der falschen Verdächtigung in ihrer Interpretation durch die Behauptungsauffassung andererseits wird dagegen ein unerträgliches Spannungsverhältnis ausgemacht, welches darin bestehe, daß die Angst vor Strafe wegen falscher Verdächtigung den Verdächtiger an seine früheren unrichtigen Angaben binde und so das Unmittelbarkeitsprinzip für die Hauptverhandlung beeinträchtige.[68]

3. Historische Argumente

Es findet sich auch die historisch begründete Stellungnahme eines der Vertreter der Beschuldigungsauffassung: § 164 StGB und seine Vorgängervorschriften seien in der Vergangenheit stets nur dann bejaht worden, wenn der Beschuldigte die ihm nachgesagte Straftat nicht begangen habe. Dies spreche für die Auslegung des § 164 Abs. 1 StGB i. S. d. Beschuldigungslehre.[69]

4. Sinn und Zweck des § 164 StGB

Einer der Verfechter der Beschuldigungslehre kritisiert die Behauptungsauffassung wegen ihrer angeblichen Konsequenz, die Fälle des Verschwei-

---

[66] *Schilling*, Armin-Kaufmann-Gedächtnisschrift, S. 595, 603 mit Fußn. 39; *Tröndle/Fischer*, StGB, § 164 Rn. 6.

[67] *Schilling*, Armin-Kaufmann-Gedächtnisschrift, S. 595, 604.

[68] *Schilling*, Armin-Kaufmann-Gedächtnisschrift, S. 595, 604.

[69] *Schilling*, GA 1984, 345, 346 ff.

gens, in welchen der Verdächtiger mittels zutreffender Tatsachenbehauptungen den Verdacht auf einen Unschuldigen lenkt, dabei gleichzeitig jedoch den Verdacht widerlegende Umstände bewußt zurückhält, müßten straflos bleiben. Diesbezüglich schreibt er zudem, es gehe nicht an, eine konkludente Behauptung anzunehmen, dem Verdächtiger seien keine entlastenden Umstände bekannt.[70]

Die Vertreter der Beschuldigungsauffassung versuchen auch, sich der Problematik unter dem Aspekt des von § 164 StGB geschützten Rechtsguts anzunähern:[71] In diesem Zusammenhang äußern sie, die Gefahr einer Autoritätseinbuße der Strafverfolgungsbehörde sei nicht gegeben, wenn die Behörde zwar aufgrund falscher tatsächlicher Angaben, jedoch gleichwohl pflichtgemäß eingreife.[72] Ferner werde das Leistungsvermögen der betroffenen staatlichen Organe durch die Verdächtigung eines Schuldigen mittels falscher Angaben nicht in einem strafwürdigen Umfang beeinträchtigt; dazu bedürfe es vielmehr des Vortäuschens der Straftat selbst, da nur dann eine unnütze Ermittlungsarbeit der Behörden in Betracht komme.[73] Zum Individualschutzaspekt wird weiter vertreten, ein Schuldiger müsse das gegen ihn gerichtete Verfahren und die daraus resultierenden Beeinträchtigungen dulden.[74]

5. Sonstiges Infragestellen von Gegenargumenten

Des weiteren ist einer der Vertreter der Beschuldigungslehre der Auffassung, die von den Vertretern der Gegenansicht in Bezug genommenen frü-

---

[70] *Schilling*, Armin-Kaufmann-Gedächtnisschrift, S. 595, 598 f. Ausführlich hierzu die Ausführungen zur Lehre vom konkludenten Rechtsgeschäft im vierten Kapitel.

[71] Siehe zum umstrittenen Schutzgut des § 164 StGB die detaillierteren Ausführungen im 6. Kapitel dieser Arbeit.

[72] *Schilling*, Armin-Kaufmann-Gedächtnisschrift, S. 595, 600. *Tröndle/Fischer*, StGB, § 164 Rn. 6.

[73] *Schilling*, Armin-Kaufmann-Gedächtnisschrift, S. 595, 600 f.; *Tröndle/Fischer*, StGB, § 164 Rn. 6.

[74] *Schilling*, Armin-Kaufmann-Gedächtnisschrift, S. 595, 603.

hen Gerichtsentscheidungen seien tatsächlich zur Abstützung der Behauptungsauffassung überhaupt nicht geeignet.[75] Weiter wirft er der Behauptungsauffassung Widersprüchlichkeit vor, da sie sowohl die auf unzutreffenden Behauptungen beruhende Verdächtigung des Schuldigen als auch die auf zutreffende Behauptungen gestützte Verdächtigung eines Unschuldigen für falsch halte.[76]

D. Entwicklung der eigenen Auffassung

I. Untersuchung der Argumente der Beschuldigungslehre

Die zuvor dargestellten, von Vertretern der Beschuldigungslehre vorgebrachten Argumente für ihre Auffassung sind zahlreich; sie sind nunmehr einer genaueren Untersuchung zu unterziehen.[77]

1. Wortlaut des § 164 Abs. 1 StGB

Das scheinbar überzeugendste Argument der Vertreter der Beschuldigungsauffassung besagt, die Behauptungsauffassung, welche für die Strafbarkeit nach § 164 Abs. 1 StGB die Falschheit des mitgeteilten Sachverhalts ausreichen läßt, sei mit dem möglichen Wortsinn der Bestimmung nicht vereinbar, da derjenige, der wisse, daß ein anderer eine bestimmte Straftat begangen hat, ihn nicht wider besseres Wissen dieser Tat verdächtigen könne. *Krey*, der – obgleich er ausdrücklich die Behauptungsauffassung für kriminalpolitisch vorzugswürdig hält – sich dieses Arguments bedient, führt diesen Gedanken allerdings nicht näher aus. Es ist jedoch gerade die Frage, ob es die Wortlautgrenze des § 164 Abs. 1 StGB gleichsam sprengt, eine falsche Verdächtigung auch dann anzunehmen, wenn der Ermittlungsbehörde bei einer wirklichen Straftat „nur" wissentlich falsche

---

[75] *Schilling*, GA 1984, 345, 361 ff., 369 ff.

[76] *Schilling*, GA 1984, 345, 371.

[77] Dabei soll, um eine Ordnung innerhalb dieser Untersuchung herzustellen, in derselben Reihenfolge vorgegangen werden wie bei der Darstellung der Argumente im vorherigen Unterabschnitt.

Tatsachen mitgeteilt werden. Auch in einem solchen Fall kann man doch sagen, es handele sich um eine Verdächtigung „wider besseres Wissen“.

2. Zusammenhang mit der StPO sowie weiteren Vorschriften des StGB

Träfe das Argument zu, der von § 154 e StPO gemeinte Widerspruch sei nur dann zu befürchten, wenn es auch bei der Verfolgung des Verdächtigers inhaltlich um den gegen den Verdächtigten gerichteten Vorwurf gehe und nicht lediglich um die von dem Verdächtiger aufgestellten Behauptungen, so müßte es zumindest eher miteinander vereinbar sein, würde ein Gericht eine behauptete Tatsache für gegeben erachten und ein anderes dieselbe Tatsache gerade nicht. Dies ist nach Ansicht des Verfassers jedoch nicht der Fall: § 154 e StPO kann mindestens ebensogut als Argument für die Behauptungsauffassung verwendet werden: Man kann formulieren, ein Widerspruch zwischen den Urteilen gegen den Verdächtiger sowie gegen den Verdächtigten liege gerade dann vor, wenn in dem Verfahren wegen falscher Verdächtigung festgestellt worden ist, eine bestimmte behauptete und strafbarkeitsbegründende Tatsache liege nicht vor (nach der Behauptungsauffassung mit der Konsequenz einer Verurteilung nach § 164 Abs. 1 StGB) und in dem Verfahren gegen den Verdächtigten festgestellt wird, die behauptete strafbarkeitsbegründende Tatsache liege vor (mit der Folge einer Verurteilung auch des Verdächtigten). Dies wäre ein eindeutiger Widerspruch, da dieselbe Tatsache nicht gleichzeitig gegeben sowie nicht gegeben sein kann. Zwecks Vermeidung einer solchen Situation ist das Verfahren gegen den Verdächtiger gem. § 154 e StPO also in jedem Fall ruhen zu lassen.

Das verschiedene Vertreter der Beschuldigungslehre nicht überzeugende systematische Argument besagt, daß es in § 164 Abs. 1 StGB um (unzutreffende) Tatsachenbehauptungen gehen muß, wenn § 164 Abs. 2 StGB von „sonstigen Behauptungen tatsächlicher Art“ spricht. Daß mit der Wendung „sonstige Behauptung tatsächlicher Art“ eine Beziehung zu § 164 Abs. 1 StGB hergestellt wird, ergibt sich daraus, daß unmittelbar vor dieser (augenscheinlich auf eine andere Vorschrift verweisenden) Formulierung eben der umstrittene § 164 Abs. 1 StGB steht – weder gibt es innerhalb der Absätze des § 164 StGB mehrere Sätze, noch existieren in der genannten Vorschrift weitere Absätze. Der Gesetzeswortlaut erscheint insoweit jedenfalls dem Verfasser völlig eindeutig, und die Forderung *Schillings*, § 164 Abs. 2 StGB müsse sich an § 164 Abs. 1 StGB orientieren und nicht umgekehrt, wird vom Gesetz gerade dadurch erfüllt, daß es durch das Wort „sonstige" in § 164 Abs. 2 StGB auf § 164 Abs. 1 StGB verweist.

Auf seinen eigentlichen Kern reduziert beruht das weitere Argument, die Verdächtigung durch falsche tatsächliche Angaben stelle lediglich einen straflosen Verstoß gegen §§ 152 Abs. 2 StPO, 336, 344 StGB in mittelbarer Täterschaft dar, auf der Annahme, ein Verhalten könne einen bestimmten Straftatbestand (§ 164 Abs. 1 StGB) deshalb nicht erfüllen, weil es einem anderen Tatbestand (§ 336 sowie § 344 StGB) ebenfalls nicht unterfalle. Diese Auffassung allerdings teilt der Verfasser nicht; im übrigen ist der Verfasser der Meinung, *gerade* weil sich § 152 Abs. 2 StPO sowie §§ 336 und 344 StGB nur an die Strafgerichte bzw. die Strafverfolgungsbehörden wendeten, sei die schärfere Strafdrohung des § 164 StGB im Verhältnis zu § 145 d StGB gerechtfertigt. Zudem drängt sich in bezug auf dieses Argument der Verdacht auf, insoweit bestünde zwischen Beschuldigungs- sowie Behauptungsauffassung überhaupt kein Unterschied: Schließlich läßt sich die Verdächtigung eines Schuldigen durch richtige Angaben ebensogut als ein in mittelbarer Täterschaft begangener Verstoß gegen die genannten Vorschriften begreifen wie die Verdächtigung eines Unschuldigen durch falsche Angaben.

Ob es das von *Schilling* zudem konstatierte und zur Unterstützung seiner Auffassung angeführte Korrespondenzverhältnis zwischen der Strafvereitelung sowie der falschen Verdächtigung i. S. d. Beschuldigungslehre wirklich gibt, ist zweifelhaft: Es handelt sich dabei gerade um die zwischen der Behauptungs- und der Beschuldigungsauffassung bestehende Kontroverse. In bezug auf das von den Vertretern der Beschuldigungslehre ebenfalls angesprochene Verhältnis zwischen den Aussagedelikten sowie der falschen Verdächtigung besteht genau besehen überhaupt kein Unterschied zwischen Behauptungs- sowie Beschuldigungsauffassung; an seine früheren Angaben gebunden fühlt sich in gleicher Weise derjenige, welcher – wie es die Beschuldigungsauffassung verlangt – einen Unschuldigen verdächtigt hat: Auch derjenige, der einen Unschuldigen verdächtigt hat, wird seine unzutreffende Aussage nicht korrigieren und sich auf diese Weise als Denunziant „outen" wollen.

3. Auslegungsgeschichte des § 164 Abs. 1 StGB

Auch der Hinweis auf die angeblich bereits seit langer Zeit praktizierte Auslegung des § 164 Abs. 1 StGB i. S. d. Beschuldigungsauffassung kann nicht überzeugen, da die Gesetzesfassung zwischenzeitlich grundlegend geändert wurde.[78] Zudem kann von einer einheitlichen Interpretation der Bestimmung in der Vergangenheit keine Rede sein.[79]

4. Teleologie des § 164 Abs. 1 StGB

Zutreffend an der Feststellung, eine Autoritätseinbuße der Ermittlungsbehörden sei nicht zu befürchten, wenn diese aufgrund unrichtiger Tatsachenbehauptungen tätig werden, ist, daß ihr Einschreiten auch in einem solchen Fall rechtmäßig sein kann. Warum dieses Argument allerdings gerade gegen die Behauptungsauffassung sprechen soll, ist für den Verfasser nicht ersichtlich. Eine Autoritätseinbuße ist doch ebensowenig dann zu befürchten, wenn die Behörde aufgrund ihr unrichtig mitgeteilter Tatsachen zwangsläufig gegen einen Unschuldigen ermittelt.

Des weiteren kommt unnütze Ermittlungsarbeit – entgegen der Annahme *Schillings* und *Tröndle/Fischers* – sehr wohl auch dann in Betracht, wenn den Ermittlungsbehörden „nur" falsche Tatsachen, etwa ein falsches Alibi des Schuldigen, mitgeteilt werden. Es wird sogar regelmäßig so sein, daß falsche Tatsachenbehauptungen die Ermittlungsbehörden in eine falsche Richtung lenken, auch wenn eine wirklich verübte Straftat vorliegt. Es kann keine Rede davon sein, die Verdächtigung eines Schuldigen mittels

---

[78] *Langer*, Schlüchter-Gedächtnisschrift, S. 361, 369, sowie ders., Tröndle-Festschrift, S. 265, 282 f.

[79] Dazu ausführlich *Bernhard*, Falsche Verdächtigung (§§ 164, 165 StGB) und Vortäuschen einer Straftat (§ 145 d StGB), S. 137.

falscher Angaben wiege im Hinblick auf die Verursachung nutzloser Mehrarbeit der Ermittlungsbehörden weniger schwer als die Verdächtigung eines Unschuldigen mittels zutreffender Angaben. Wenn die prozeßordnungsmäßig bewiesenen Tatsachen auch vor Gericht nicht ausreichen, kann auch der Schuldige ohne Autoritätseinbuße freigesprochen werden. Auch das Ermitteln gegen diesen Schuldigen war dann nicht besonders sinnvoll.

Gegen das weitere Argument, der Schuldige müsse Ermittlungen gegen sich dulden, würde der Verfasser sagen, auch ein Unschuldiger müsse jedenfalls solche Ermittlungsmaßnahmen hinnehmen, die auf wahren und möglicherweise verdächtigen Begebenheiten beruhen.

5. Sonstige Erwägungen

Aus welchem Grund die von Vertretern der Behauptungsauffassung angeführten frühen Gerichtsentscheidungen die Behauptungsauffassung aus seiner Sicht nicht stützen, das schreibt *Schilling* nicht. Daß die Gerichte selbst sehr wohl der Meinung waren, in Abkehr von ihrer vorherigen Rechtsprechung eine neue Judikatur zu etablieren, zeigt bereits die Existenz der Vorlageentscheidung des OLG Hamburg zum BGH[80]. Wären die Strafgerichte auch zuvor bereits der Beschuldigungslehre gefolgt, so wäre die Vorlage an den BGH *nicht* notwendig gewesen.

Die schließlich von Schilling konstatierte Widersprüchlichkeit der Behauptungsauffassung bestünde nur, sollte ein Vertreter der Behauptungsauffassung wirklich auch die auf zutreffenden Behauptungen gründende Verdächtigung eines Unschuldigen – entgegen seiner Prämisse – als eine falsche Verdächtigung ansehen. Die Existenz einer solchen Auffassung ist jedoch nicht ersichtlich, und *Schilling* gibt hierfür auch keine Fundstelle an.

---

[80] Siehe oben Fußn. 40.

II. Darstellung der eigenen Auffassung

Der bestehende Meinungsstreit zwischen Behauptungs- sowie Beschuldigungsauffassung stellt immerhin eine Vorfrage für das Thema der vorliegenden Arbeit dar;[81] auch deshalb sollen die wechselseitig vorgetragenen Argumente hier gegeneinander abgewogen werden, um eine eigene abschließende Erkenntnis zu ermöglichen. Nach der ausführlichen Darstellung und Diskussion gerade der Argumente der Beschuldigungsauffassung steht fest, daß der Verfasser der Behauptungsauffassung den Vorzug gibt: Die Entscheidung des Verfassers beruht insbesondere auf dem Erfordernis ebenfalls tatsächlicher Anhaltspunkte für die Einleitung eines Ermittlungsverfahrens (§ 152 Abs. 2 StPO). Es besteht eine augenscheinliche Parallelität zwischen dem strafprozessualen Ermittlungsverfahren einerseits sowie § 164 Abs. 1 StGB andererseits, wie sie sich auch im Gesetzeswortlaut der vorgenannten Vorschrift niederschlägt („ein behördliches Verfahren ... gegen ihn herbeizuführen").[82] Diese Parallelität bedeutet, daß der Täter der falschen Verdächtigung der Staatsanwaltschaft genau das für die Aufnahme ihrer Ermittlungen erforderliche Material zur Verfügung stellen muß – und dabei handelt es sich eben um ein Mindestmaß an Fakten.

Den Hinweis sämtlicher Vertreter der Behauptungsauffassung auf den Wortlaut des § 164 Abs. 2 StGB („sonstige") hält der Verfasser für das Musterbeispiel der systematischen Auslegung einer Vorschrift und entsprechend für schwer zu widerlegen. Der Streit zwischen Beschuldigungs- und Behauptungsauffassung besteht ja gerade darin, ob der Täter des § 164 Abs. 1 StGB eine Beschuldigung oder aber ob er Tatsachenbehauptungen vorbringen muß. § 164 Abs. 2 StGB stellt nun das Aufstellen einer „sonstigen Behauptung tatsächlicher Art" unter Strafe. Daraus wird von den Befürwortern der Behauptungsauffassung abgeleitet, daß es auch bei § 164 Abs. 1 StGB unzweifelhaft um solche Behauptungen tatsächlicher Art ge-

---

[81] Siehe oben in der Einleitung S. 17.

[82] Dies wird von verschiedenen Autoren so gesehen, siehe etwa *Deutscher*, JuS 1988, 526, 527; *Fezer*, NStZ 1988, 177; *Langer*, Tröndle-Festschrift, S. 265, 283; *Ruß*, in: Leipziger Kommentar, 11. Aufl., § 164 Rn. 10; *Rudolphi/Rogall*, in: Systematischer Kommentar, 7. Aufl., § 164 Rn. 26.

hen müsse. Diese Folgerung ist nachvollziehbar, zumal das Wort „sonstige“ sich nicht auf eine andere Wendung beziehen kann (weder gibt es innerhalb der Absätze des § 164 StGB mehrere Sätze, noch existieren in der genannten Vorschrift weitere Absätze). Auch den Diskussionen um eine mögliche Reform des § 164 StGB läßt sich entnehmen, daß es sich bei der Tathandlung des § 164 Abs. 1 StGB um einen Spezialfall der Tatsachenbehauptung nach § 164 Abs. 2 StGB handelt, und § 164 Abs. 1 StGB sogar als neben (dem um das Wort „sonstige“ zu bereinigenden) § 164 Abs. 2 StGB überflüssig angesehen wurde.[83]

Daß aus Sicht des Verfassers zudem keines der zahlreichen Argumente der Beschuldigungsauffassung zwingend ist oder sonst überzeugend sein kann, ist bereits oben aufgewiesen worden.[84] Haupteinwand gegen die Beschuldigungslehre bleibt jedoch, daß sie eine falsche Verdächtigung auch dort annehmen muß, wo ausschließlich die Beschuldigung falsch ist, das gesamte Tatsachenvorbringen hingegen wahr.[85]

---

[83] Siehe hierzu den Hinweis auf die entsprechenden Stellungnahmen in der Arbeit *Bernhards*, Falsche Verdächtigung (§§ 164, 165 StGB) und Vortäuschen einer Straftat (§ 145 d StGB), S. 185 f.

[84] Dies gilt auch für den Hinweis auf Art. 103 Abs. 2 GG und darauf, der Täter könne sein Opfer nicht falsch verdächtigen, sofern er davon ausgehe, dieses habe die angebliche Straftat wirklich begangen. Daß Art. 103 Abs. 2 GG eine solche Sichtweise nicht verbietet, soll im dritten Kapitel der Arbeit nachgewiesen werden. Siehe dazu auch Fußn. 63 weiter oben in diesem Kapitel.

[85] Siehe eingehender oben S. 30.

Kapitel 2: Begriffsbestimmungen zum Gegenstand der falschen Verdächtigung

A. Einführung in die Problematik

Geht man bei der Suche nach dem Gegenstand der falschen Verdächtigung vom Wortlaut des § 164 Abs. 1 StGB aus, so stößt man auf die Gesetzesformel „rechtswidrige Tat“ und damit auf das Problem der vorliegenden Arbeit. Es ist die Frage, was der Täter des § 164 Abs. 1 StGB im Hinblick auf den keineswegs unkomplizierten – und ebensowenig unumstrittenen – Aufbau der Straftat von dieser berichtet haben muß. Muß er beispielsweise nur eine unrechte (und damit nicht unbedingt auch schuldhafte und nicht notwendigerweise auch straf- sowie verfolgbare) Tat geschildert haben, die im Regelfall[86] nicht die Gefahr der Einleitung von Ermittlungen der Strafverfolgungsorgane birgt? Muß er das Tatopfer einer unrechten, schuldhaft verwirklichten, straf- und auch verfolgbaren Tat bezichtigt haben, welche dann regelmäßig[87] auch zur Einleitung eines Ermittlungsverfahrens führen kann? Die Frage ist umstritten; insbesondere ist die Frage nicht leicht zu beantworten, ob die Behauptung jeder allein rechtswidrigen Tat zur Erfüllung des § 164 Abs. 1 StGB ausreicht.[88]

Zwar ist in einer aktuellen Veröffentlichung zu lesen, die Frage nach dem Gegenstand der falschen Verdächtigung, also eben die in dieser Arbeit behandelte Frage, sei insoweit beantwortet, als allein die mit Strafrechtsfolgen bedrohte Tatbestandsverwirklichung hierunter falle.[89] Dieser Feststel-

---

[86] Wie im folgenden noch näher erklärt werden wird, reicht in einigen Fällen bereits eine allein rechtswidrige Tat für die Auferlegung von strafrechtlichen Maßnahmen aus.

[87] Siehe die vorhergehende Fußnote.

[88] Auf diese Frage ergibt sich auch aus der in § 11 Abs. 1 Nr. 5 StGB enthaltenen Bestimmung des Begriffs „rechtswidrige Tat“ keine zufriedenstellende Antwort; siehe die detaillierte Untersuchung dieser Vorschrift unten im 5. Kapitel, Abschnitt A.

[89] *Langer*, Schlüchter-Gedächtnisschrift, S. 361, 362.

lung jedoch kann der Verfasser nicht zustimmen, da immerhin die Gegenansicht *Rudolphi/Rogalls* existiert.[90] Diese weist zudem eine zunächst durchaus einleuchtende sowie bislang unwiderlegte Begründung auf, so daß die vorliegende Arbeit zur Klärung der Streitfrage notwendig ist.

B. Entstehen des Problems

In einer im Jahr 1973 und damit noch vor dem Inkrafttreten des reformierten StGB zum 1.1.1975[91] erschienenen Monographie ist im Hinblick auf die damals neue Entwurfsfassung des § 164 Abs. 1 StGB[92] angemerkt worden, nach dem Wortlaut der Vorschrift – und hierbei insbesondere nach dem dort verwendeten Ausdruck „rechtswidrige Tat" – reiche bereits die fälschliche Behauptung einer in einem Erlaubnistatbestandsirrtum begangenen Tat zur Verwirklichung des zuvor genannten Merkmals als des Gegenstandes der falschen Verdächtigung aus.[93] Dies deshalb, da eine solche Tat – man denke nur an den Fall der Putativnotwehr – ja eine zumindest unrechte Tat ist; darüber sind sich die herkömmlichen Irrtumslehren[94] weitgehend einig.[95] Einigkeit müßte auch dahingehend zu erzielen sein, daß die Behauptung einer solchen, nicht strafbaren Tat – insbesondere dann, wenn der Verdächtiger das Vorliegen einer vermeintlichen, aus der Sicht des Verdächtigten bestehenden Rechtfertigungslage *ausdrücklich* mitbe-

---

[90] Dies räumt auch *Langer*, a. a. O., Fußn. 5, ein.

[91] Siehe die Bekanntmachung der Neufassung am 2.1.1975, BGBl. I, S. 1.

[92] Entwurf eines 1. StrRG, BT-Drucks. 5/4094, S. 70.

[93] *Langer*, Die falsche Verdächtigung, S. 16.

[94] Zu diesen siehe *Langer*, GA 1976, 193 ff., und aus der aktuellen kommentierenden Literatur *Tröndle/Fischer*, StGB, § 17 Rn. 1 ff., m. w. N.

[95] Ausgenommen von dieser Feststellung sind allein jene Theorien, welche eine subjektive Sicht sämtlicher Rechtfertigungsvoraussetzungen befürworten. Nach jenen subjektiven Theorien wäre etwa ein Fall der (nicht fahrlässigen) Putativnotwehr im Ergebnis identisch mit dem einer wirklichen, die Rechtswidrigkeit der Verteidigungshandlung beseitigenden Notwehrlage (Vgl. dazu *Freund*, JuS 1997, 235, 238 mit Fn. 33, der aus diesem Grund dazu rät, den Erlaubnistatbestandsirrtum bereits als Unrechtsproblem einzuordnen.).

richtet – hinter dem für eine falsche Verdächtigung typischen Strafwürdigkeitsgehalt zurückbleibt.

Zurück zu der zitierten Darstellung: Nach der Anmerkung, der Wortlaut des damals neuen § 164 Abs. 1 StGB erfasse auch die Behauptung einer in einem Erlaubnistatbestandsirrtum begangenen Tat, sagt der Autor weiter, nach dem Sinn der Vorschrift dürften jedoch nur solche Verdächtigungen strafbar sein, welche tatsächlich zur Einleitung eines Verfahrens gegen den Verdächtigten führen könnten.[96] Nicht weiterführend sei in diesem Fall auch die Begriffsbestimmung des Merkmals „rechtswidrige Tat" in § 11 Abs. 1 Nr. 5 StGB, wonach darunter nur die „den Tatbestand eines Strafgesetzes verwirklichenden" Taten fallen, was nicht allein die Verwirklichung des jeweiligen Unrechtstatbestandes, sondern auch des Schuld- sowie des gesamten Straftatbestandes voraussetze.[97] Allerdings sei jedoch genau dieses nicht sachgerecht, da schon die Verwirklichung bloß des Unrechtstatbestandes einer Strafbestimmung Strafrechtsfolgen nach sich ziehen könne.[98] Der Verdächtigungsgegenstand werde also weder in § 164 Abs. 1 StGB selbst noch in § 11 Abs. 1 Nr. 5 StGB in der notwendigen Deutlichkeit beschrieben.[99]

Der Begriff der „rechtswidrigen Tat" in § 164 Abs. 1 StGB müsse besser als jede „mit Strafrechtsfolgen bedrohte Tat" verstanden werden.[100] In einem späteren Beitrag hat derselbe Autor dann festgestellt, der Begriff der „rechtswidrigen Tat" als Gegenstand der Verdächtigung müsse funktional dahingehend ausgelegt werden, daß darunter jede zur Veranlassung bzw.

---

[96] *Langer*, Die falsche Verdächtigung, S. 19 f.

[97] *Langer*, Die falsche Verdächtigung, S. 16 mit Fußn. 14; ders., ZfL 1999, 47, 50. Danach handelt es sich – unter Berufung auf die entsprechend formulierte Gesetzesbegründung (BT-Drucks. 7/550, S. 211) – bei § 11 Abs. 1 Nr. 5 StGB auch nicht um eine wirkliche Legaldefinition, sondern um einen bloßen „klarstellenden Hinweis".

[98] *Langer*, Die falsche Verdächtigung, S. 20.

[99] *Langer*, a. a. O.

[100] *Langer*, a. a. O., S. 68.

zur Verlängerung einer behördlichen Verfolgung mit strafrechtlichen Sanktionen konkret geeignete Tatbestandsverwirklichung falle.[101]

Festgehalten werden kann, daß die Verdächtigung mit einer nur rechtswidrigen, nicht jedoch schuldhaft begangenen oder sonst nicht straf- sowie verfolgbaren Tat jedenfalls danach in manchen Fällen zwar als zur Verwirklichung des § 164 Abs. 1 StGB ausreichend angesehen wird, in manchen Fällen dagegen wiederum nicht. Dabei wird danach unterschieden, ob die angebliche Tat des Verdächtigungsopfers eine mit einer strafrechtlichen Sanktion bedrohte ist – allein die Verdächtigung mit einer solchen Tat könne den Tatbestand des § 164 Abs. 1 StGB erfüllen. Der bloße Gesetzeswortlaut des § 164 Abs. 1 StGB, der als Verdächtigungsgegenstand allein eine rechtswidrige Tat voraussetzt, ist danach jedenfalls nicht ausschließlich entscheidend, sondern wird mindestens als einer Auslegung fähig und bedürftig angesehen.

C. Erforderlichkeit einer zur Herbeiführung von Ermittlungen geeigneten Verdächtigung

I. Stellungnahmen des BGH

Die vom BGH favorisierte Auslegung des Tatbestandes der falschen Verdächtigung (§ 164 Abs. 1 StGB) ergibt sich bereits aus einer frühen Entscheidung aus dem Jahr 1955, in welcher das Gericht – noch zu einer anderen Fassung des § 164 Abs. 1 StGB – geurteilt hatte, ein Vergehen nach § 164 Abs. 1 StGB liege auch dann vor, wenn der Täter „wider besseres Wissen verschweigt, daß der Angeschuldigte ohne den entsprechenden Vorsatz handelte, oder wenn er bewußt einen ihm bekannten schuld- oder strafausschließenden Umstand nicht erwähnt“.[102] Zur Verdeutlichung der gemeinten Fallgruppe kann man sich vorstellen, es würden zwar zutreffende Tatsachen – insoweit zutreffend, als sich aus ihnen eine von dem Ver-

---

[101] *Langer*, Tröndle-Festschrift, S. 265, 268.

[102] BGH, bei Dallinger, MDR 1956, 269, 270.

dächtigungsopfer wirklich verübte Tat ergibt – behauptet;[103] dabei werde jedoch bewußt verschwiegen, daß das Verdächtigungsopfer sich bei der Tatbegehung in einem seine Schuld ausschließenden Alkoholrausch befand[104] oder die Tat bereits vor vielen Jahren vorgefallen und deshalb verjährt ist.

Angesichts eines solchen Falls würde der BGH also den Tatbestand des § 164 Abs. 1 StGB als erfüllt ansehen. Der zugrundeliegende Sachverhalt ist der zitierten Fundstelle nicht zu entnehmen; als Beispiel muß daher der – zuvor erwähnte – Fall angeführt werden, daß der Täter einen anderen einer bestimmten Tat verdächtigt und dabei wider besseres Wissen z. B. die Volltrunkenheit des Täters[105] oder die Verjährung der Tat nicht erwähnt.

Aus der auf das Verdächtigen durch Verschweigen entlastender Umstände bezogenen Aussage des BGH kann man schließen, der Täter behaupte nach Ansicht des Gerichts in jedem Fall des § 164 Abs. 1 StGB mindestens konkludent, der Verdächtigte habe die angebliche Tat vorsätzlich, insgesamt schuldhaft sowie auch unter Vorliegen etwaiger sonstiger Straftatmerkmale begangen. Ansonsten wäre das bewußte Verschweigen der genannten Umstände strafrechtlich irrelevant. Daraus wiederum ergibt sich, daß der Ge-

---

[103] Die Formulierung mag etwas umständlich erscheinen; dies ist jedoch der Erkenntnis geschuldet, daß die Tathandlung des § 164 Abs. 1 StGB im Sinne der Behauptungsauffassung nur durch das Behaupten von Tatsachen verwirklicht werden kann und nicht im Sinne der Beschuldigungsauffassung durch die unzutreffende Beschuldigung, das Opfer habe eine bestimmte Straftat begangen; siehe oben das erste Kapitel. Aus diesem Grund kann hier eben nicht einfach formuliert werden, es werde eine „von dem Opfer wirklich verübte Tat" behauptet, da diese Formulierung eine Übereinstimmung mit der abzulehnenden Beschuldigungsauffassung suggerieren würde.

[104] Ein solcher Alkoholrausch wird die Strafbarkeit jedenfalls wegen der im Rausch begangenen Tat ausschließen. Daß der Vollrausch ggf. die Bestrafung aufgrund von § 323 a StGB nach sich zieht, kann nichts an der Beurteilung der erhobenen Verdächtigung ändern, welche sich gerade auf die Rauschtat bezieht.

[105] Nochmals soll darauf hingewiesen werden, daß der BGH in dem Umstand der Volltrunkenheit einen schuldausschließenden Umstand erblickt, anders als der Verfasser, der dies nicht erst als einen Entschuldigungsgrund, sondern als einen bereits der Schuldbegründung entgegenstehenden Umstand ansieht. Siehe dazu bereits oben Fußn. 26. Siehe des weiteren die vorhergehende Fußnote.

genstand der falschen Verdächtigung aus der Sicht des BGH die nicht allein rechtswidrige, sondern zusätzlich auch schuldhafte sowie insgesamt straf- und verfolgbare Tat war.

In einer aktuellen Entscheidung des BGH aus dem Jahr 2001 wird wiederum – diesmal jedoch auf die Situation bezogen, das Opfer werde mittels unzutreffender Tatsachen verdächtigt, welche eine „rechtswidrige Tat“ ergeben – gesagt, die Behauptung einer Straftat in der erforderlichen Absicht erfülle den Tatbestand des § 164 Abs. 1 StGB *nicht*, wenn es bereits nach dem Inhalt der verdächtigenden Äußerung selbst an einer Strafverfolgungsvoraussetzung fehlt, daher ein hinreichender Anfangsverdacht nicht gegeben und ausgeschlossen ist, daß die Verdächtigung zu der beabsichtigten behördlichen Reaktion führen kann.[106]

Wie gesagt, ist diese Entscheidung des BGH auf die Situation bezogen, das Verdächtigungsopfer werde mittels unzutreffender Tatsachenbehauptungen verdächtigt. Insoweit handelt es sich um eine typische falsche Verdächtigung; sie ist jedoch eine besondere Verdächtigung dadurch, daß die behauptete Tat – so bereits der Verdächtiger – im Zustand der alkoholbedingten Schuldunfähigkeit begangen[107] oder aber bereits vor langer Zeit verübt wurde und verjährt ist. In diesen Fällen würde der BGH den Tatbestand des § 164 Abs. 1 StGB seinen Ausführungen zufolge *nicht* als erfüllt ansehen.

Zwangsläufig werden so in zwei unterschiedlichen Situationen (Verschweigen entlastender Umstände bzw. Verdächtigen mit einer allein rechtswidrigen Tat) zwar dieselben Erwägungen angestellt (in bezug auf die Teleologie des § 164 Abs. 1 StGB). Auf diese Weise werden jedoch notwendigerweise verschiedene Ergebnisse erzielt, da die Teleologie des

---

[106] BGHR, § 164 Abs. 1 StGB, Verdächtigung 2. In dieser Entscheidung handelte es sich um die Verdächtigung wegen einer augenscheinlich verjährten, an einem 1967 geborenen Kind verübten angeblichen Tat.

[107] Vgl. zu dem gewählten Beispiel des Alkoholrauschs bereits oben Fußn. 104. Nunmehr geht es zwar um den spiegelbildlichen Fall einer nur behaupteten Tat; auch hier führt die mögliche Bestrafung des Verdächtigten wegen Vollrauschs (§ 323 a StGB) allerdings nicht zu einer veränderten Beurteilung der Verdächtigung als einer bezogen auf die behauptete Tat falschen Verdächtigung.

§ 164 StGB im Fall des Verschweigens entlastender Umstände eine Bestrafung des Verdächtigers verlangt, beim Verdächtigen mit eine allein rechtswidrige und nicht zudem straf- und verfolgbare Tat ausmachenden Tatsachen dagegen nicht.

Beide Entscheidungen des BGH, auch die erstgenannte ältere Entscheidung, entsprechen nach wie vor ständiger obergerichtlicher Rechtsprechung.[108] Auch für die Rechtsprechung – dieses Fazit läßt sich ziehen – ist der Gesetzeswortlaut des § 164 Abs. 1 StGB und hierbei insbesondere das gesetzliche Merkmal der (allein) „rechtswidrigen Tat" also im entscheidenden Fall nicht eindeutig, sondern bedarf vielmehr der Auslegung.

II. Überblick über die Literatur

In der Literatur bietet sich das folgende Bild: Die Mehrzahl der Autoren erkennt, daß es nach dem Wortlaut des § 164 Abs. 1 StGB ausreicht, wenn ein anderer der nur rechtswidrig begangenen Verwirklichung eines Straftatbestandes verdächtigt wird, daß sich die Verdächtigung nach dem dem § 164 Abs. 1 StGB zugrundeliegenden Schutzzweck jedoch auch zur Auslösung eines Strafverfahrens eignen muß. § 164 Abs. 1 StGB greife demnach zum einen dann nicht ein, wenn bereits nach dem Wortlaut der von dem Täter geäußerten Verdächtigung erkennbar Entschuldigungsgründe, Strafausschließungsgründe oder auch Prozeßhindernisse vorliegen. Es handelt sich also etwa um die Situation, daß der Verdächtiger sein Opfer wegen einer – in dieser Weise äußert sich bereits der Verdächtiger – im Zustand der alkoholbedingten Schuldunfähigkeit[109] oder bereits vor langer Zeit verübten und somit verjährten Tat verdächtigt.

Zum anderen sei § 164 Abs. 1 StGB jedoch dann anzuwenden, wenn die Verdächtigung zumindest insoweit zutreffe, als die behaupteten Tatsachen

---

[108] Vgl. OLG Brandenburg, NJW 1997, 141, OLG Hamm, NStZ-RR 2002, 167; oder OLG Karlsruhe, NStZ-RR 1997, 27.

[109] Die mögliche Bestrafung des Verdächtigten wegen Vollrauschs (§ 323 a StGB) kann nicht zu einer veränderten Beurteilung der Verdächtigung als einer bezogen auf die behauptete Tat falschen Verdächtigung führen; vgl. bereits oben Fußn. 107.

eine rechtswidrige Tat ergeben, jedoch z. B. nicht auch in bezug auf die Schuldhaftigkeit der Tatbegehung oder im Hinblick auf das Vorliegen von Strafausschließungsgründen, und der Täter dies verschweige.[110] Hierbei handelt es sich um den Fall, daß der Verdächtiger zutreffende und eine Täterschaft seines Opfers nahelegende Tatsachen zur Anzeige bringt, dabei jedoch verschweigt, daß sein Opfer sich bei Tatbegehung in einem seine Schuldfähigkeit nach § 20 StGB ausschließenden Alkoholrausch befand[111] oder die Tat bereits verjährt ist.

Es läßt sich festhalten, daß auch die Literatur den Wortlaut des § 164 Abs. 1 StGB für auslegungsfähig sowie -bedürftig hält. Eine Auslegung der Vorschrift wird danach in beide denkbaren Richtungen vorgenommen, da die zitierte Literatur einerseits die Behauptung einer rechtswidrigen Tat für die Tatbestandserfüllung nicht in jedem Fall ausreichen läßt und andererseits nicht in jedem Fall die Verdächtigung mittels unzutreffender sich auf die Rechtswidrigkeit der Tat beziehenden Tatsachenbehauptungen verlangt. Für die Überprüfung der Frage, ob eine in manchen Fällen einschränkende, in anderen dagegen erweiternde Auslegung des § 164 Abs. 1 StGB gerechtfertigt ist, sind die zwei unterschiedlichen Fallkonstellationen einer genaueren Betrachtung zu unterziehen:

---

[110] *Arzt/Weber*, Besonderer Teil, § 48 Rn. 6; *Blei*, Besonderer Teil, S. 423; *Bockelmann*, Besonderer Teil/3, S. 39; *Geilen*, Jura 1984, 251, 256 f., 301; *Hirsch*, ZStW 89 (1977), 930, 931 f.; *Lackner/Kühl*, StGB, § 164 Rn. 5; *Maurach/Schroeder/Maiwald*, Besonderer Teil 2, § 99 Rn. 16; *Otto*, Besonderer Teil, § 95 Rn. 5; *Rengier*, Besonderer Teil II, § 50 Rn. 8; *Ruß*, in: Leipziger Kommentar, 11. Aufl., § 164 Rn. 15; *Lenckner*, in: Schönke/Schröder, StGB, § 164 Rn. 10; *Tröndle/Fischer*, StGB, § 164 Rn. 5; *Vormbaum*, in: Nomos-Kommentar, § 164 Rn. 42 f.; *Wessels/Hettinger*, Besonderer Teil/1, Rn. 695.

[111] Die Beurteilung der sich gerade auf die Rauschtat beziehenden Verdächtigung wird durch die mögliche Bestrafung des Vollrauschs (§ 323 a StGB) nicht beeinflußt; vgl. bereits oben Fußn. 104.

1. Schilderung einer angeblichen rechtswidrigen, jedoch nicht straf- und verfolgbaren Tat

Dabei handelt es sich um den Fall, daß der Täter des § 164 Abs. 1 StGB mit unzutreffenden Tatsachenbehauptungen einen anderen der Begehung einer bestimmten Tat verdächtigt, die jedoch bereits nach der Schilderung des Täters zwar rechtswidrig, nicht jedoch auch schuldhaft (oder sonst nicht straf- und verfolgbar) verwirklicht worden ist.

Als Beispiel läßt sich die bereits erwähnte Fallkonstellation denken, daß der Verdächtiger sein Opfer wegen einer angeblichen im Alkoholrausch[112] begangenen, tatsächlich allerdings überhaupt nicht stattgefundenen Körperverletzung anzeigt. Dabei ist davon auszugehen, daß der angebliche Täter der rechtswidrigen Tat bereits nach der Schilderung des Verdächtigers unzweifelhaft schuldunfähig i. S. d. § 20 StGB ist. Ein weiteres Beispiel stellt die unzutreffende Verdächtigung mit einer zwar rechtswidrigen, jedoch – dies teilt der Verdächtiger ausdrücklich oder konkludent[113] mit – bereits in den 60er Jahren des vergangenen Jahrhunderts vorgefallenen Tat dar. Eine solche Tat kann nach § 78 Abs. 3 StGB nicht mehr verfolgt werden; ihre Verfolgung ist verjährt.[114] Die nach diesen Einlassungen des Verdächtigers zwar rechtswidrigen angeblichen Taten des Verdächtigten sind jeweils nicht straf- bzw. nicht verfolgbar; es fehlt im einen Beispielsfall an der Schuld des Verdächtigten, im anderen Beispielsfall besteht ein Strafverfolgungshindernis.

---

[112] Gerade bei einer zu bejahenden Strafbarkeit wegen Vollrauschs gem. § 323 a StGB schließt die Alkoholisierung typischerweise die Schuld des Verdächtigungsopfers im Hinblick auf die Rauschtat aus; vgl. bereits Fußn. 104, 107, 109 sowie 111.

[113] Auch die konkludente Mitteilung eines solchen Umstandes ist denkbar, etwa wenn der Täter danach gefragt wird und zur Antwort lediglich mit dem Kopf nickt.

[114] Dies gilt ausweislich des § 78 Abs. 2 StGB nicht für die Verbrechen des Mordes gem. § 211 StGB und des Völkermordes gem. § 220 a StGB.

2. Verschweigen von Strafbarkeits- oder Verfolgungshindernissen bei ansonsten zutreffender Behauptung einer rechtswidrigen Tat

Für die hier zu klärende Problemfrage einschlägig ist jedoch auch die Fallgestalt, bei welcher der Täter eine rechtswidrige Tat seines Opfers mittels insoweit zutreffender Behauptungen zur Anzeige bringt, dabei allerdings verschweigt, daß Entschuldigungsgründe oder sonstige Straf- oder Verfolgbarkeitshindernisse vorlagen oder vorliegen.

Beispielsweise kann es sein, daß eine tatsächlich stattgefundene Körperverletzung angezeigt, dabei jedoch verschwiegen wird, daß das Verdächtigungsopfer sich bei der Tatbegehung in einem seine Schuld (im Hinblick auf die Rauschtat) nach § 20 StGB ausschließenden Alkoholrausch befand. Auch ist der Fall denkbar, daß der Verdächtiger eine von seinem Opfer wirklich verübte Tat zur Anzeige bringt, bei Erstattung der Anzeige jedoch verschweigt, daß ebenjene Tat nicht etwa in den letzten Tagen, sondern bereits in den 1960er Jahren vorgefallen ist. In diesen Fällen sind die Taten des Verdächtigungsopfers nicht straf- bzw. nicht verfolgbar (§ 20 StGB bzw. § 78 Abs. 3 StGB).

III. Literaturmeinungen zu beiden Fallkonstellationen

Die erste Sachverhaltsgestaltung (der zwar unzutreffenden Schilderung einer allerdings nicht straf- und verfolgbaren Tat) unterfällt dem Wortlaut des § 164 Abs. 1 StGB, da zumindest die falsche Verdächtigung mit einer *rechtswidrigen* Tat gegeben ist. Dagegen unterfällt die zweite (der zwar in bezug auf die Rechtswidrigkeit zutreffenden Behauptungen, einer allerdings verschwiegenermaßen nicht straf- und verfolgbaren Tat) scheinbar dem Gesetzeswortlaut nicht, da hierbei keine unzutreffenden Tatsachen behauptet werden, wie es für eine falsche Verdächtigung allgemein vorausgesetzt wird.

Auch in der Literatur wird, wie im folgenden zu zeigen ist, die vorgenannte Unterscheidung aufgegriffen (ohne daß in beiden Fallgestaltungen jedoch notwendigerweise auch unterschiedliche Ergebnisse erzielt würden): Die Mehrzahl der Fundstellen sieht allerdings in beiden zuvor dargelegten Fällen eine einschränkende bzw. erweiternde Auslegung des § 164 Abs. 1 StGB als gerechtfertigt an[115] – notwendigerweise mit unterschiedlichen Ergebnissen insoweit, als im Fall der Schilderung einer *nicht* verfolgbaren Tat (der erste der oben erläuterten Fälle) keine Strafbarkeit wegen falscher Verdächtigung droht, wohl dagegen im Fall des Verschweigens von Verfolgungshindernissen (der zweite dieser Fälle).

Daneben finden sich jedoch auch Literaturstellen, welche zwar ebenfalls zumindest die einschränkende Auslegung des § 164 Abs. 1 StGB unter dem Gesichtspunkt des Schutzzwecks dieser Norm propagieren, denen jedoch nicht eindeutig zu entnehmen ist, ob die Autoren der überwiegenden Meinung auch in letzter Konsequenz folgen wollen, d. h. auch in dem hochproblematischen Fall des Verschweigens bestimmter die Straf- oder die Verfolgbarkeit ausschließender Geschehensmomente bei insoweit (in bezug auf die Rechtswidrigkeit) zutreffenden Schilderung einer rechtswidrigen Tat.[116]

D. Ablehnung der geforderten Einschränkungen in der Literatur

Lediglich *Rudolphi/Rogall* im Systematischen Kommentar zum StGB vertreten eine von der – im vorangegangenen Abschnitt dargestellten – zahlenmäßig weit überwiegenden Meinung abweichende Position.[117] *Ru-*

[115] *Blei*, Besonderer Teil, S. 423; *Bockelmann*, Besonderer Teil/3, S. 39; *Geilen*, Jura 1984, 251, 256 f., 301; *Hirsch*, ZStW 89 (1977), 930, 931 f.; *Lackner/Kühl*, StGB, § 164 Rn. 5; *Otto*, Besonderer Teil, § 95 Rn. 5; *Rengier*, Besonderer Teil II, § 50 Rn. 8; *Ruß*, in: Leipziger Kommentar, 11. Aufl., § 164 Rn. 15; *Lenckner,* in: Schönke/Schröder, StGB, § 164 Rn. 10; *Tröndle/Fischer*, StGB, § 164 Rn. 5. Zur abweichenden Position *Rudolphi/Rogalls* im Systematischen Kommentar siehe ausführlich den nächsten Abschnitt.

[116] *Arzt/Weber*, Besonderer Teil, § 48 Rn. 6; *Maurach/Schroeder/Maiwald*, Besonderer Teil 2, § 99 Rn. 16; *Vormbaum*, in: Nomos-Kommentar, § 164 Rn. 42 f.; *Wessels/Hettinger*, Besonderer Teil/1, Rn. 695.

[117] *Rudolphi/Rogall*, in: Systematischer Kommentar, 7. Aufl., § 164 Rn. 23 f. Die

dolphi/Rogall halten sich eng am Wortlaut des § 164 Abs. 1 StGB und sehen als Verdächtigungsgegenstand in jeder denkbaren Fallkonstellation bereits die allein „rechtswidrige Tat“ an; für sie ist es unerheblich, ob die betreffende Tat auch schuldhaft begangen wurde und ob sie insgesamt strafbar ist.[118]

Zwar erkennen *Rudolphi/Rogall* mit der fast einhelligen Meinung an, daß die Verdächtigung nach dem Schutzzweck des § 164 Abs. 1 StGB auch zur Veranlassung eines behördlichen Verfahrens gegen den Verdächtigten geeignet sein muß und der Tatbestand folglich dann nicht erfüllt sein könne, wenn der Täter einen anderen fälschlich einer zwar rechtswidrigen, jedoch entschuldigten, straflosen oder nicht mehr verfolgbaren Tat bezichtigt (Dies ist die erste der oben unterschiedenen Fallkonstellationen.).[119]

Allerdings vertreten *Rudolphi/Rogall* gegen diese fast einhellige Meinung, Verdächtigungen, bei welchen der Täter die rechtswidrige Tat eines anderen mittels zutreffender Tatsachenbehauptungen belegt und allein das Eingreifen z. B. eines Entschuldigungsgrundes oder eines Strafausschließungsgrundes bewußt verschweigt (die zweite der oben unterschiedenen Fallkonstellationen), würden von § 164 Abs. 1 StGB nicht erfaßt.[120] Den Täter, welcher also etwa die alkoholbedingte Schuldunfähigkeit des Verdächtigungsopfers oder die Verjährung von dessen Tat bewußt verschweigt, würden *Rudolphi/Rogall nicht* aus § 164 Abs. 1 StGB bestrafen. Diese abweichende Position zum Gegenstand der falschen Verdächtigung,

---

Kommentierung des § 164 StGB im Systematischen Kommentar ist zwar erst in jüngster Zeit durch *Rogall* überarbeitet worden (siehe dazu das Vorwort zur 2003 erschienenen 7. Auflage des Systematischen Kommentars). Bereits *Rudolphis* Vorauflage der Kommentierung wich jedoch hinsichtlich des Gegenstandes der falschen Verdächtigung von der Mehrheitsmeinung ab, so daß die Auslegung des Begriffs der „rechtswidrigen Tat“ in § 164 Abs. 1 StGB bereits zuvor kontrovers war.

[118] *Rudolphi/Rogall*, in: Systematischer Kommentar, 7. Aufl., § 164 Rn. 23 f.

[119] *Rudolphi/Rogall*, a. a. O., § 164 Rn. 23.

[120] *Rudolphi/Rogall*, a. a. O., § 164 Rn. 24.

begründen *Rudolphi/Rogall* mit dem Wortlaut des § 164 Abs. 1 StGB.[121] Dieselbe Argumentation fand sich bereits in der Vorauflage *Rudolphis*.[122]

Für den Fall der falschen Verdächtigung unter zusätzlicher Schilderung von bei ihrem tatsächlichen Vorliegen schuld- bzw. sonst straf- oder verfolgbarkeitsausschließenden Umständen (der erste der weiter oben beschriebenen Fälle) halten *Rudolphi/Rogall* – vordergründig betrachtet entgegen ihrer Festlegung des Verdächtigungsgegenstandes – zwar den Tatbestand des § 164 Abs. 1 StGB für nicht verwirklicht.[123] Im umgekehrten Fall des Verschweigens solcher – hier tatsächlich vorliegender – die Schuld des Täters oder die Straf- oder Verfolgbarkeit von dessen Tat ausschließender[124] Umstände bei der Aufstellung zutreffender Tatsachenbehauptungen zum Vorliegen einer rechtswidrigen Tat (zweiter oben beschriebener Fall) sehen *Rudolphi/Rogall* den Tatbestand des § 164 Abs. 1 StGB jedoch – entsprechend ihrer Festlegung des Verdächtigungsgegenstandes – ebenfalls als nicht verwirklicht an.[125]

Diese nur scheinbare Widersprüchlichkeit begründen *Rudolphi/Rogall* damit, daß eben allein zugunsten des Täters vom Wortlaut der Strafvorschrift des § 164 Abs. 1 StGB abgewichen werden dürfe, nicht dagegen zu seinem Nachteil.[126] Genauer gesagt: Zwar kann *Rudolphi/Rogall* zufolge und dem Sinn und Zweck des § 164 StGB entsprechend ein Täter ohne Strafe bleiben, der eine angebliche zwar rechtswidrige, jedoch nicht straf- und verfolgbare Tat anzeigt. Nicht jedoch darf derjenige Verdächtiger nach § 164 Abs. 1 StGB bestraft werden, der bei einer wirklichen Tat lediglich schuld-

---

[121] *Rudolphi/Rogall*, a. a. O.

[122] *Rudolphi*, in: Systematischer Kommentar, 6. Aufl., § 164 Rn. 15.

[123] *Rudolphi/Rogall*, in: Systematischer Kommentar, 7. Aufl., § 164 Rn. 23; ebenso bereits *Rudolphi*, in: Systematischer Kommentar, 6. Aufl., § 164 Rn. 15.

[124] In gleicher Weise ist das Verschweigen von diese Tatbestände erst gar nicht begründenden Umständen zu beurteilen; siehe oben Fußn. 26.

[125] *Rudolphi/Rogall*, in: Systematischer Kommentar, 7. Aufl., § 164 Rn. 24; ebenso bereits *Rudolphi*, in: Systematischer Kommentar, 6. Aufl., § 164 Rn. 15.

[126] *Rudolphi/Rogall*, in: Systematischer Kommentar, 7. Aufl., § 164 Rn. 24; ebenso bereits *Rudolphi*, in: Systematischer Kommentar, 6. Aufl., § 164 Rn. 15.

oder strafbarkeitsrelevante Umstände oder Verfolgungshindernisse verschweige.

An dieser Stelle soll die Argumentation *Rudolphi/Rogalls*, welche zunächst bestechend erscheinen mag, im Rahmen einer ersten Analyse des Gesetzeswortlauts des § 164 Abs. 1 StGB noch weiter entfaltet werden, wobei der Täter dem Gesetzestext zufolge „einen anderen einer rechtswidrigen Tat wider besseres Wissen verdächtigen" muß: Zeigt der Täter beispielsweise das Opfer wegen einer – frei erfundenen – rechtswidrigen Tat an, berichtet er jedoch ausdrücklich auch davon, das Verdächtigungsopfer sei bei der angeblichen Tatbegehung etwa in seine Schuld verhindernder Weise volltrunken gewesen (der erste der beschriebenen Fälle),[127] so hat der Täter dem Wortlaut des § 164 Abs. 1 StGB nach eine falsche Verdächtigung begangen. Gleiches gilt dann, wenn der Täter bei der Anzeige der angeblichen Tat ausdrücklich darauf hinweist, diese angebliche Tat habe bereits 1960 stattgefunden. Zumindest für den Wortlaut des § 164 Abs. 1 StGB ist es unerheblich, ob die rechtswidrige Tat auch eine schuldhafte und sonst straf- sowie verfolgbare Tat ist.[128]

Da wegen des mitgeteilten Umstandes der Volltrunkenheit des Verdächtigten (respektive des lange zurückliegenden Tatzeitpunktes) allerdings eine Strafverfolgung des Verdächtigten von vornherein ausscheidet (§ 20 bzw. § 78 Abs. 3 StGB), gebietet der Schutzzweck des § 164 Abs. 1 StGB in diesem Fall keine Bestrafung des Täters. So ist es einhellige Auffassung – und im übrigen auch die Meinung *Rudolphi/Rogalls* –, den Tatbestand für diesen Fall einschränkend auszulegen und so eine Bestrafung des Täters zu vermeiden.

---

[127] Dazu, daß die mögliche Vollrauschstrafbarkeit (§ 323 a StGB) keine Auswirkungen auf die Beurteilung der Verdächtigung hat, siehe oben Fußn. 104, 107, 109 und 111.

[128] In diesem Beispiel ist die Erstattung einer Strafanzeige lediglich als ein typischer und sehr anschaulicher Fall einer falschen Verdächtigung dargestellt worden. Die Erstattung einer Anzeige ist bereits seit vielen Jahrzehnten nicht mehr Tathandlung des heute in § 164 StGB normierten Delikts; vgl. dazu mit dem entsprechenden Nachweis *Langer*, Die falsche Verdächtigung, S. 13.

Die umgekehrte (und zweite beschriebene) Fallkonstellation ist die, daß der Täter das Tatopfer wegen einer rechtswidrigen Tat – insoweit völlig zutreffend – verdächtigt, dabei jedoch verschweigt, daß das Verdächtigungsopfer während der Tatbegehung beispielsweise volltrunken[129] war – was es in diesem Fall wirklich war. Denkbar ist auch das Verschweigen der Tatsache, daß die Tat bereits vor geraumer Zeit verübt wurde und aus diesem Grund offensichtlich verjährt ist. In diesen Fällen spricht der Schutzzweck des § 164 Abs. 1 StGB sicherlich für eine Bestrafung des Täters, und es entspricht auch der fast einhelligen Lehre, diesen Täter zu bestrafen. *Rudolphi/Rogall* jedoch sind für diesen Fall der Meinung, der Täter könne nicht zu seinem Nachteil wegen Verwirklichung des § 164 Abs. 1 StGB verurteilt werden.

Dem Gesichtspunkt, daß eine Abweichung vom Wortlaut des § 164 Abs. 1 StGB allein zugunsten des Täters zulässig ist, messen *Rudolphi/Rogall* im Vergleich zu dem von der überwiegenden Meinung vorgebrachten (und auch von *Rudolphi/Rogall* anerkannten) Argument des eine verfolgbare Tat als Verdächtigungsgegenstand erfordernden Schutzzwecks der Vorschrift des § 164 Abs. 1 StGB die stärkere Bedeutung bei.[130]

E. Auswirkungen des Merkmals „wider besseres Wissen“

Es ist an dieser Stelle weiter notwendig, zu dem Tatbestandsmerkmal eines Handelns des Täters „wider besseres Wissen“ in § 164 Abs. 1 StGB und zu dessen Auslegung Stellung zu nehmen. Dies kann zum einen die Argumentation *Rudolphi/Rogalls* zu beurteilen helfen und ist zum anderen deshalb geboten, weil gerade dieses Merkmal erheblichen Einfluß auf die Auslegung des Tatbestandsmerkmals „rechtswidrige Tat“ und allgemeiner: auf den zu verlangenden Verdächtigungsgegenstand hat. Das Merkmal des Handelns „wider besseres Wissen“ markiert eine Form des direkten Vor-

[129] Siehe oben Fußn. 127.

[130] *Rudolphi/Rogall*, in: Systematischer Kommentar, 7. Aufl., § 164 Rn. 24; ebenso bereits *Rudolphi*, in: Systematischer Kommentar, 6. Aufl., § 164 Rn. 15.

satzes[131]; es verlangt eine sichere Kenntnis des Täters von der Nicht-Existenz eines bestimmten Umstandes[132].

Im Fall des § 164 Abs. 1 StGB verlangt das Merkmal „wider besseres Wissen" nach allgemeiner Ansicht, daß der Täter sichere Kenntnis davon hat, daß die von ihm vorgebrachte Verdächtigung unzutreffend ist und sich erst aufgrunddessen die Tatbegehung durch den Verdächtigten ergibt;[133] sei es etwa, daß es die behauptete Tat in Wahrheit überhaupt nicht gegeben hat, diese also frei erfunden ist, oder sei es, daß der von dem Täter Verdächtigte nicht derjenige ist, der die – tatsächlich vorgefallene – Tat begangen hat. Daraus, daß § 164 Abs. 1 StGB ein Handeln des Täters „wider besseres Wissen" verlangt, wird zudem geschlossen, daß die von dem Täter geäußerten Verdachtstatsachen unzutreffend sein müssen.[134] Daß die von dem Täter geäußerte Verdächtigung nicht zutreffend sein darf, ergibt sich im übrigen allerdings auch aus Formulierung der amtlichen Überschrift zu § 164 StGB, welche von einer „falschen Verdächtigung" spricht.

Demgemäß wird von § 164 Abs. 1 StGB die Behauptung unwahrer Verdachtstatsachen vorausgesetzt. Dabei handelt es sich um solche Tatsachen, welche (allein oder im Zusammenspiel mit weiteren) eine tatsächlich nicht geschehene rechtswidrige Tat ergeben, wobei das Tatopfer durch den Täter der Begehung dieser Tat verdächtigt wird. Aus diesem Grund versteht es sich im Fall einer durch das Tatopfer tatsächlich als rechtswidrige Tat be-

---

[131] Zum Vorsatz wiederum gehört zumindest die Kenntnis des Täters vom Vorliegen sämtlicher zum gesetzlichen Tatbestand gehörender Umstände, was sich zwangsläufig aus der gesetzlichen Regelung des § 16 Abs. 1 Satz 1 StGB ergibt. Direkt ist der Vorsatz, wenn der Täter weiß oder als sicher voraussieht, daß sein Handeln zur Tatbestandsverwirklichung führt (*Wessels/Beulke*, Allgemeiner Teil, Rn. 213).

[132] *Schmidhäuser*, Allgemeiner Teil, Rn. 10/50.

[133] *Lackner/Kühl*, StGB, § 164 Rn. 8; *Lenckner*, in: Schönke/Schröder, StGB, § 164 Rn. 30; *Tröndle/Fischer*, StGB, § 164 Rn. 6, m. w. N.

[134] *Lenckner*, in: Schönke/Schröder, StGB, § 164 Rn. 15, m. w. N. Dies sind sie nicht erst dann, wenn der Verdächtigte die betreffende Tat nicht begangen hat, sondern bereits dann, wenn unzutreffende den Verdacht einer Straftat begründende Tatsachen verbreitet werden, siehe im einzelnen die Auseinandersetzung zwischen Beschuldigungs- sowie Behauptungsauffassung oben im ersten Kapitel dieser Arbeit.

gangenen, jedoch nicht auch schuldhaft verwirklichten oder sonst nicht straf- oder verfolgbaren Tat (die zweite beschriebene Fallkonstellation) nicht von selbst, daß der letzteres verschweigende Täter nach § 164 Abs. 1 StGB bestraft werden kann, da man es in dem geschilderten Fall nicht mit unzutreffenden Tatsachenbehauptungen zu tun hat, aus welchen sich eine rechtswidrige Tat ergibt. Gleichwohl besteht hier jedoch die nicht allein entfernte Möglichkeit der Einleitung von Ermittlungen gegen das Verdächtigungsopfer.

Anhand dieses Falls wird auch die Argumentation *Rudolphi/Rogalls* deutlich nachvollziehbar, welche den Gesetzeswortlaut des § 164 Abs. 1 StGB einer Bestrafung des *zutreffende* Tatsachenbehauptungen aufstellende, auf diese Weise eine tatsächlich vorgefallene (und auch von dem Verdächtigten verübte) Tat anzeigenden und allein das Vorliegen von Schuldausschließungsgründen o. ä. verschweigenden Täters im Wege sehen. In einem solchen Fall liegt nach *Rudulphi/Rogalls* Auffassung eben eine zutreffende und nicht eine falsche Verdächtigung vor.

Kapitel 3: Zum strafrechtlichen Bestimmtheitsgrundsatz des Art. 103 Abs. 2 GG

In diesem Kapitel sollen – in Anknüpfung an die zuvor dargestellte Auffassung *Rudolphi/Rogalls* – der strafrechtliche Bestimmtheitsgrundsatz des Art. 103 Abs. 2 GG und dessen Bedeutung für das vorliegende Problem näher untersucht werden. Die im letzten Kapitel skizzierte Argumentation *Rudolphi/Rogalls*[135] beruht – unausgesprochen – auf diesem Verfassungssatz und insbesondere darauf, daß dieser eine Abweichung vom Wortlaut der Strafgesetze zum Nachteil des Straftäters verbietet.

A. Bedeutung des Art. 103 Abs. 2 GG für das Strafrecht im allgemeinen und für § 164 StGB im besonderen

Art. 103 Abs. 2 GG (gleichlautend § 1 StGB) regelt, daß „eine Tat nur bestraft werden kann, wenn die Strafbarkeit gesetzlich bestimmt war, bevor die Tat begangen wurde". Dieses ist der strafrechtliche Bestimmtheitsgrundsatz oder – wie es auch heißt – das Gesetzlichkeitsprinzip;[136] durch diesen Grundsatz ist der Bürger vor einer willkürlichen Ausübung und einer unzulässigen Ausdehnung der staatlichen Strafgewalt geschützt.

Unmittelbar aus dem Verfassungswortlaut ergibt sich dabei, daß bei jeder Straftat die einzelnen Strafbarkeitsvoraussetzungen und Straffolgen schon vor Begehung der Tat im Gesetz festgelegt gewesen sein müssen.[137] Neben dem in dieser Gewährleistung enthaltenen zeitlichen Moment – insbesondere dem Verbot einer Rückwirkung von Strafgesetzen –[138] ist unter dem

---

[135] Ebenso bereits *Rudolphi* in der Vorauflage des Systematischen Kommentars.

[136] *Freund*, Allgemeiner Teil, § 1 Rn. 22; *Wessels/Beulke*, Allgemeiner Teil, Rn. 44 ff.

[137] BVerfGE 45, 363; BVerfGE 78, 374; BGHSt 33, 21, 23. So bestimmt es im übrigen auch Art. 7 Abs. 1 EMRK.

[138] *Freund*, Allgemeiner Teil, § 1 Rn. 22.

Topos des Analogieverbots aus der Vorschrift des Art. 103 Abs. 2 GG zudem abzuleiten, daß alle Merkmale eines Strafgesetzes, von deren Vorliegen die Strafbarkeit eines Verhaltens abhängt, hinreichend bestimmt sein müssen und von diesen gesetzlich bestimmten Merkmalen eine Abweichung *zuungunsten* des Betroffenen in keinem Fall zulässig ist.[139] Auf die Vorschrift des § 164 Abs. 1 StGB bezogen bedeutet dies bzw. wird dies allgemein so gedeutet, daß von dem Täter entweder im Hinblick auf das Vorliegen einer rechtswidrigen Tat oder die Beteiligung des Verdächtigten hieran unzutreffende Tatsachen geäußert werden müssen und von diesem Erfordernis keinerlei Abweichungen möglich sind.[140]

Als Ausnahme wird eine Abweichung jedoch ganz überwiegend dann für zulässig gehalten, wenn der Täter die tatsächlich geschehene rechtswidrige Tat als solche zwar wahrheitsgemäß schildert, allerdings in dem konkreten Fall eingreifende Schuld- oder Strafausschließungsgründe (oder auch Strafverfolgungshindernisse) verschweigt – dies ist das zweite der im letzten Kapitel gebildeten Beispiele. Gerade *Rudolphi/Rogalls* Auffassung ist es jedoch für diesen Fall, unter Berufung auf Art. 103 Abs. 2 GG keine – für den Täter in diesem Fall nachteilige – Abweichung vom Wortlaut des § 164 Abs. 1 StGB zuzulassen.

B. Verhältnis zur einfachen Gesetzesauslegung

I. Einordnung einer Verfassungsnorm

Art. 103 Abs. 2 GG beansprucht als Verfassungsbestimmung im Kollisionsfall schon aufgrund der innerhalb der Rechtsnormen bestehenden Hie-

---

[139] Siehe *Freund*, Allgemeiner Teil, § 1 Rn. 22; *Wessels/Beulke*, Allgemeiner Teil, Rn. 52 f. Auf die bestehende Kontroverse darüber, ob dies nur für die im Besonderen Teil vorfindlichen oder aber für sämtliche Straftatmerkmale zu gelten habe, soll hier nicht eingegangen werden. – Dazu, daß auch *zugunsten* des Betroffenen nicht vom Wortlaut der Strafgesetze abgewichen werden darf, dies jedoch für Art. 103 Abs. 2 GG irrelevant ist, siehe Fußn. 144.

[140] Vgl. *Tröndle/Fischer*, StGB, § 164 Rn. 6.

rarchie[141] einen Vorrang vor der einfachgesetzlichen Vorschrift des § 164 Abs. 1 StGB. Von Bedeutung für das vorliegende Problem ist darüber hinaus das Gebot einer verfassungskonformen Auslegung einfachgesetzlicher Bestimmungen; dieses Gebot besagt, daß im Fall der Existenz mehrerer möglicher Auslegungen einer einfachgesetzlichen Vorschrift und der Nichtvereinbarkeit einer oder mehrerer dieser möglichen Auslegungen mit der Verfassung nur eine solche Auslegung herangezogen werden darf, welche mit der Verfassung vereinbar ist[142].

Auf das Problem der vorliegenden Arbeit bezogen ist zunächst einmal festzuhalten, daß im Fall des Verschweigens von Straf- oder Verfolgbarkeitshindernissen beim Behaupten einer tatsächlich geschehenen rechtswidrigen Tat (das zweite der oben gebildeten Beispiele) zwei Möglichkeiten existieren, den einschlägigen Tatbestand des § 164 Abs. 1 StGB auszulegen: Zum einen kann – eng am Wortlaut des § 164 Abs. 1 StGB – hier in der Weise entschieden werden, jedenfalls die behauptete rechtswidrige Tat sei ja trotz des Vorliegens bestimmter entlastender, allerdings nicht unrechtsrelevanter Umstände tatsächlich geschehen und der Tatbestand des § 164 Abs. 1 StGB durch ihre Behauptung somit nicht erfüllt. Zum anderen kann damit argumentiert werden, eine solche Behauptung berge wegen des Verschweigens des eingreifenden straf- oder verfolgbarkeitsrelevanten Umstandes durchaus die Gefahr der Einleitung eines Ermittlungsverfahrens. Nimmt man – wie die weit überwiegende Zahl der Autoren, sogar deren fast einhellige Meinung – diese Argumentation ernst, so wird man § 164 Abs. 1 StGB in dem genannten Fall anwenden wollen. Bei der zuletzt dargestellten Auslegung fragt es sich jedoch, ob sie verfassungsmäßig ist und insbesondere vor dem Gebot der verfassungskonformen Auslegung einfacher Gesetze bestehen kann.

---

[141] *Ipsen*, Staatsrecht I, Rn. 675. Die Hierarchie der einzelnen Rechtsvorschriften kommt insbesondere in dem Satz *lex superior derogat legi inferiori* zum Ausdruck, hierzu *Ipsen*, a. a. O., Rn. 676.

[142] Dieses Gebot wird etwa in BVerfGE 2, 266, 282; BVerfGE 69, 1, 55; BVerfGE 88, 145, 166, aufgestellt. Ein Beispiel aus dem Bereich des Strafrechts bietet BVerfGE 86, 288, 320 f.

Klar müssen zunächst die uneingeschränkte Geltung sowie auch die uneingeschränkte Priorität[143] des Art. 103 Abs. 2 GG innerhalb des Strafrechts sein. Die uneingeschränkte Geltung des Art. 103 Abs. 2 GG ergibt sich dabei nicht erst aus seiner inhaltsgleichen Wiederholung in § 1 StGB, sondern hiervon unabhängig bereits aus dem Gesichtspunkt der Einheit der Rechtsordnung heraus. Die uneingeschränkte Priorität des Art. 103 Abs. 2 GG als Verfassungsbestimmung im Kollisionsfall wiederum ergibt sich aus der Hierarchie sämtlicher Rechtsnormen.

Aus dieser uneingeschränkten Priorität des Art. 103 Abs. 2 GG ergibt sich für jede strafrechtliche Rechtsanwendung ein Nachrang der einfachgesetzlichen Auslegung einzelner gesetzlicher Merkmale gegenüber dem sich aus Art. 103 Abs. 2 GG Ergebenden. Dies gilt für jede Gesetzesauslegung nach den herkömmlichen Kriterien, sei es das wortlautgebundene, das systematische oder das teleologische Auslegungskriterium (objektive Auslegungskriterien) oder sei es das historische Auslegungskriterium (das subjektive Auslegungskriterium).

II. Art. 103 Abs. 2 GG im Verhältnis zu den einzelnen Auslegungskriterien

Ein Konflikt zwischen dem sich aus Art. 103 Abs. 2 GG ergebenden Analogieverbot sowie der *wortlautorientierten* Auslegung des § 164 Abs. 1 StGB ist allerdings schwer vorstellbar; das strafrechtliche Analogieverbot fordert gerade, den Wortlaut des betreffenden Strafgesetzes zu beachten und von ihm nicht (zum Nachteil des Täters)[144] abzuweichen. Hierzu kann

[143] Diese Priorität ist zunächst rein abstrakt; sie aktualisiert sich, sobald ein konkreter Widerspruch einer bestimmten Vorschrift des StGB zu Art. 103 Abs. 2 GG erkennbar ist. Siehe im übrigen unten Fußn. 152.

[144] Zwar erlaubt das Grundgesetz dem Richter auch keine Abweichung vom Wortlaut des einschlägigen Strafgesetzes zum Vorteil des Täters. Jedoch gilt dies einerseits – man denke nur an den Fall der teleologischen Reduktion – nicht ohne Einschränkungen und ergibt sich andererseits aus der Bindung des Richters an das Strafgesetz (Art. 20 Abs. 3, 97 Abs. 1 GG), ist also nicht Bestandteil der grundrechtsgleichen Gewährleistung des Art. 103 Abs. 2 GG, welche nach Ansicht des Verfassers ausschließlich dem Schutz des zu Verurteilenden dient.

sich grundsätzlich kein Widerspruch ergeben, bewegt man sich mit der wortlautgebundenen Auslegung auf dem Boden des jeweiligen Gesetzeswortlauts.

Die geforderte Beachtung des jeweiligen Gesetzeswortlauts setzt allerdings voraus, daß dieser hinreichend bestimmt oder zumindest bestimmbar ist.[145] Scheinbar problematisch sind in diesem Zusammenhang Vorschriften wie § 69 a Abs. 4 Nr. 3 StVZO, wonach bestimmte Verhaltensweisen in bezug auf „Fuhrwerke" ordnungswidrig, also materiell strafrechtswidrig sind. Im allgemeinen werden „Fuhrwerke" als „mit Tieren bespannte Landfahrzeuge" definiert.[146] Der BGH hatte zu § 3 Abs. 1 Nr. 6 des Preußischen Gesetzes betreffend den Forstdiebstahl, einer nunmehr zwar nicht mehr gültigen, jedoch ebenfalls das Gesetzesmerkmal „Fuhrwerk" enthaltenden Bestimmung, entschieden, den darin festgelegten Strafschärfungsgrund zum Forstdiebstahl erfülle auch derjenige, welcher in deliktischer Absicht ein „Kraftfahrzeug" mit sich führe,[147] obgleich das Kraftfahrzeug in besagter Vorschrift neben dem „Fuhrwerk" nicht als taugliches Tatmittel genannt wird.

Angesichts dieser Rechtsprechung könnte man im Fall des § 69 a Abs. 4 Nr. 3 StVZO einen Konflikt zwischen dem Analogieverbot sowie dem betreffenden Gesetzeswortlaut annehmen und diesen sodann aufgrund einer (nicht vorliegenden) Unbestimmtheit der Vorschrift aufzulösen versuchen. Tatsächlich jedoch liegt der Fall anders: Die zitierte Entscheidung des BGH ist ein Fehlurteil, die Einbeziehung von Kraftfahrzeugen in den Fuhrwerksbegriff entspricht nicht der Bedeutung, welche der Ausdruck „Fuhrwerk" im allgemeinen Sprachgebrauch aufweist[148]; die Einbeziehung

---

[145] Siehe dazu *Wessels/Beulke*, Allgemeiner Teil, Rn. 47.

[146] Siehe etwa den Standardkommentar von *Hentschel*, Straßenverkehrsrecht, StVO, § 14 Rn. 12.

[147] BGHSt 10, 375, 375 f.

[148] Gerade diese „Bedeutung eines Ausdrucks ... im allgemeinen Sprachgebrauch" ist jedoch Grundlage jeder Gesetzesauslegung, so *Larenz/Canaris*, Methodenlehre der Rechtswissenschaft, S. 141. Zwar ist anzuerkennen, daß fast alle Gesetzesmerkmale, abgesehen allein von Zahlen sowie Eigennamen, auslegungsfähig sind (so *La-*

von Kraftfahrzeugen ist damit schon keine korrekte Auslegung des Gesetzeswortlauts und verstößt zudem gegen das strafrechtliche Analogieverbot (Art. 103 Abs. 2 GG). Zwischen einerseits Gesetzeswortlaut sowie andererseits verfassungsrechtlichem Analogieverbot ergibt sich also auch in diesem Beispielsfall kein Widerspruch.

Auch in der gedachten Situation, daß der Gesetzgeber in allen Strafvorschriften die bisherige Beschreibung des Täters allein mit maskulinen Bezeichnungen um die jeweilige feminine Entsprechung erweitert und (etwa aufgrund eines Redaktionsversehens) allein im Fall des § 211 Abs. 1 StGB die Ergänzung „sowie die Mörderin“ unterläßt, ergibt sich im Verhältnis des Gesetzeswortlauts zum aus Art. 103 Abs. 2 GG entnehmbaren Analogieverbot kein Widerspruch: Auch die Mörderin dürfte aus § 211 StGB bestraft werden; dies wurde sie auch in der Vergangenheit. Bereits der unverändert gebliebene Gesetzeswortlaut ist hier also offenbar entsprechend geschlechtsneutral auszulegen. Auch stellt die Bestrafung aus der unverändert gebliebenen Strafbestimmung damit nicht etwa eine (unzulässige) Gesetzesanalogie dar und verstößt nicht gegen die Gebote des Art. 103 Abs. 2 GG.

Einen möglichen Konflikt zwischen dem Analogieverbot sowie der *systematischen* Auslegung[149] des § 164 Abs. 1 StGB zeigt der bereits dargestellte Streit zwischen Beschuldigungs- sowie Behauptungsauffassung mit dem Hinweis der Verfechter der Behauptungsauffassung auf den Wortlaut von § 164 Abs. 2 StGB auf:[150] Hierbei halten die Vertreter der Behauptungsauffassung unter Hinweis auf § 164 Abs. 2 StGB („*sonstige* Behauptung tat-

---

renz/Canaris, a. a. O., S. 164), jedoch ist der Gesetzeswortlaut vorliegend hinreichend bestimmt und läßt die Einbeziehung von Kraftfahrzeugen keinesfalls zu.

[149] Nach hier vertretener Ansicht sind die unterschiedlichen Kriterien der Gesetzesauslegung nicht als unterschiedliche Auslegungsmethoden anzusehen, sondern ergänzen sich innerhalb der Auslegung gegenseitig, so auch *Larenz/Canaris*, a. a. O., S. 149.

[150] Siehe dazu oben im 1. Kapitel S. 28, S. 31 mit Fußn. 65 sowie S. 39. Nur kurz sei angemerkt, daß es sich, da auf den Wortlaut von § 164 Abs. 2 StGB und damit einer von § 164 Abs. 1 StGB verschiedenen Bestimmung abgestellt wird, nach Ansicht des Verfassers nicht um einen Fall der wortlautgebundenen, sondern um einen solchen der systematischen Auslegung handelt.

sächlicher Art") die Behauptung einer Tatsache durch den Täter für erforderlich.[151] Der Vorrang des Art. 103 Abs. 2 GG im Rahmen der systematischen Auslegung des § 164 Abs. 1 StGB würde – unterstellt, die Vorschrift spräche als Tathandlung von einem „Beschuldigen" (oder noch deutlicher im Sinne der Beschuldigungslehre: von einem „Verurteilen") – es etwa verbieten, unter Hinweis auf Absatz 2 der Vorschrift eine Tatsachenbehauptung für erforderlich zu halten (und denjenigen zu bestrafen, der allein eine solche Tatsachenbehauptung aufstellt).

Die Priorität[152] der Gewährleistungen des Art. 103 Abs. 2 GG auch im Verhältnis zu weiteren, *historischen* Erwägungen im Rahmen der Auslegung des § 164 Abs. 1 StGB bedeutet – wiederum unterstellt, die Vorschrift spräche von der Tathandlung des „Beschuldigens" oder des „Verurteilens" – eine Sperre davor, eine Tatsachenbehauptung deshalb für erforderlich und hinreichend halten zu müssen, weil der Gesetzgeber offenkundig gerade von dem Erfordernis des Äußerns einer Tatsachenbehauptung für die Erfüllung des § 164 Abs. 1 StGB ausgegangen sei.[153]

Schließlich besitzen die Grundsätze des Art. 103 Abs. 2 GG im Kollisionsfall auch einen Vorrang vor sonstigen Überlegungen im Rahmen der *teleologischen* Auslegung des Merkmals „rechtswidrige Tat". Dieser Vorrang bedeutet, den eine gerechtfertigte Tat schildernden Täter keinesfalls aus der genannten Vorschrift bestrafen zu können, selbst wenn dies im Einzelfall geboten wäre. Die Teleologie einer Vorschrift könnte sich in einem solchen Fall auch nicht aus einem wichtigen Grund gegen den von Art. 103 Abs. 2 GG garantierten Gesetzeswortlaut durchsetzen.

---

[151] Vgl. dazu die entsprechende Argumentation bei *Langer*, Tröndle-Festschrift, S. 265, 283.

[152] Die Gewährleistungen des Art. 103 Abs. 2 GG weisen als im Verfassungsrang stehende Prinzipien eine „gesteigerte Bedeutung" auf, so *Larenz/Canaris*, Methodenlehre der Rechtswissenschaft, S. 159. Auf der anderen Seite sind auch diese Verfassungsprinzipien nicht absolut vorrangig vor Kriterien wie dem Wortsinn, dem Bedeutungszusammenhang oder dem Zweck eines Gesetzes, so *Larenz/Canaris*, a. a. O., S. 161.

[153] Dazu, daß er dies nicht ist, seine Motive bei der Einführung der Tathandlung des Verdächtigens im Jahr 1933 vielmehr nicht ermittelt werden können, siehe *Langer*, Tröndle-Festschrift, S. 265, 282.

Das vorliegende Problem betrifft gerade diesen zuletzt aufgezählten Vorrang der Prinzipien des Art. 103 Abs. 2 GG vor den möglicherweise nicht verfassungskonformen einfachgesetzlichen Kriterien der teleologischen Auslegung des § 164 Abs. 1 StGB. Es ist eine teleologische Auslegung des § 164 Abs. 1 StGB, welche die Gefahr einer Strafverfolgung des Verdächtigungsopfers im Tatbestand des § 164 Abs. 1 StGB bzw. genauer: in dem Tatbestandsmerkmal der „rechtswidrigen Tat" verankert sehen möchte. Teleologische Auslegung ist diejenige Auslegungsmethode, welche sich vor allem am Sinn und Zweck einer Bestimmung orientiert.[154] Sinn und Zweck des § 164 Abs. 1 StGB sind umstritten und werden unten noch genau ermittelt werden.[155]

Damit jedoch stellt sich wegen der Priorität der Grundsätze des Art. 103 Abs. 2 GG die Frage, ob das Analogieverbot einer Auslegung des § 164 Abs. 1 StGB entgegensteht, wonach auch bei der insoweit wahrheitsgemäßen Schilderung einer rechtswidrigen Tat durch den Verdächtiger und dem ausschließlichen Verschweigen schuld- oder sonst straftatausschließender Tatumstände (der zweite Beispielsfall) die Erfüllung des Tatbestandes angenommen wird.

C. Präzisierung und Relativierung des Vorrangs von Art. 103 Abs. 2 GG

Zwar besteht im Kollisionsfall auf der einen Seite – wie dargestellt – ein Vorrang u. a. des Analogieverbotes vor allen einfachgesetzlichen Erwägungen im Rahmen der Auslegung des § 164 Abs. 1 StGB; auf der anderen Seite jedoch muß dieser unbestrittene Vorrang des Art. 103 Abs. 2 GG so präzise wie irgend möglich bemessen werden und die Argumentation mit Geboten des Art. 103 Abs. 2 GG außerhalb dieses präzise bestimmten Anwendungsbereichs auch zurückgewiesen werden können.

---

[154] *Larenz/Canaris*, Methodenlehre der Rechtswissenschaft, S. 153 f.; *Schmidhäuser*, Allgemeiner Teil, Rn. 5/32.

[155] Siehe dazu das 6. Kapitel.

I. Nichtteilhabe ungeschriebener Merkmale an den Gewährleistungen des Art. 103 Abs. 2 GG

Zum einen bedeutet das Postulat der genauestmöglichen Bemessung des Vorrangs von Art. 103 Abs. 2 GG, daß ungeschriebene, erst in eine Norm hineininterpretierte Merkmale nicht an der Garantie des Gesetzeswortlauts durch Art. 103 Abs. 2 GG teilhaben. Diese Erkenntnis stellt keineswegs eine bahnbrechende Neuerung dar: Damit soll allein gesagt werden, daß sich die von Art. 103 Abs. 2 GG bezweckte Begrenzung auf den Wortlaut einer Strafvorschrift nur auf deren ausdrücklichen und damit unzweideutigen Wortlaut bezieht; nicht dagegen schützt Art. 103 Abs. 2 GG das bloße Auslegungsergebnis, welches ja u. U. kontrovers sein kann.

Primär betrifft diese möglicherweise noch etwas unklare Folgerung auch nicht jedes Strafgesetz, da nicht in jede Strafvorschrift zusätzliche, nicht ausdrückliche Straftatmerkmale hineininterpretiert werden. § 164 Abs. 1 StGB ist jedoch eine Norm, in welche das Merkmal der Behauptung unzutreffender Tatsachen erst hineininterpretiert wird. Das Erfordernis nämlich, daß die zu behauptenden Tatsachen unzutreffend sein müssen, ist dem Wortlaut des § 164 Abs. 1 StGB nicht unmittelbar zu entnehmen.[156]

Aus der Vorschrift des § 164 Abs. 1 StGB selbst ergibt sich insoweit allein, daß der Verdächtiger „wider besseres Wissen“ handeln muß. Durch Art. 103 Abs. 2 GG garantiert ist dementsprechend, daß der Täter der falschen Verdächtigung etwas Nichtzutreffendes berichten muß. Daß es seine das Vorliegen einer rechtswidrigen Tat ergebenden Tatsachenbehauptungen sein müssen, was der Täter „wider besseres Wissen“ berichtet, ist im Wortlaut des § 164 Abs. 1 StGB nicht angelegt, wird in die Bestimmung erst hineininterpretiert und ist somit auch nicht von der Garantie des Art. 103 Abs. 2 GG umfaßt. Als Beispiele dafür, daß vom Täter wider bes-

[156] Es handelt sich hierbei auch nicht etwa um das Problem, daß der bloße Gesetzestext abgesehen von seiner Überschrift das Erfordernis einer „falschen“ Verdächtigung nicht enthält, sondern allein um die Frage, ob eine Verdächtigung nur dann falsch sein kann, wenn die dem Opfer vorgeworfene rechtswidrige Tat in Wahrheit nicht stattgefunden hat.

seres Wissen etwas Nichtzutreffendes angezeigt wird, ohne daß es sich hierbei um einen die Rechtswidrigkeit der geschilderten Tat betreffenden Umstand handelt, können die oben[157] wiedergegebenen Situationen dienen: Angezeigt wird eine tatsächlich stattgefundene Körperverletzung, dabei wird jedoch verschwiegen, daß das Verdächtigungsopfer sich bei der Tatbegehung in einem seine Schuld (in bezug auf die Rauschtat) nach § 20 StGB ausschließenden Alkoholrausch befand oder daß die Tat bereits in den 1960er Jahren vorgefallen ist.

Wortlautvoraussetzung ist lediglich, daß der Täter der falschen Verdächtigung irgendetwas „wider besseres Wissen" behauptet und z. B. das Vorliegen von tatsächlich eingreifenden Schuld- bzw. Strafausschließungsgründen verschweigt. Dieses Verschweigen nämlich kann gleichbedeutend mit der „wider besseres Wissen" geäußerten konkludenten Behauptung sein, solche Umstände lägen nicht vor.[158]

II. Prüfung anhand von Art. 103 Abs. 2 GG allein als Abschlußprüfung

Eine Präzisierung des sich aus Art. 103 Abs. 2 GG ergebenden Analogieverbots hat von der Formulierung auszugehen, welche übereinstimmend zu seiner Beschreibung verwendet wird: Danach müssen alle Straftatmerkmale hinreichend bestimmt sein, und von ihnen ist eine Abweichung zuungunsten des Betroffenen in keinem Fall zulässig.[159] Demzufolge scheint zwar zunächst eine mehrfache, auf jedes einzelne Straftatmerkmal bezogene Prüfung angebracht. Jedoch muß diese Gewährleistung vor dem Hintergrund des maßgeblichen Verfassungswortlauts gesehen werden, wonach es auf die „Strafbarkeit" der Tat insgesamt und mithin auf das abschließende Strafbarkeitsurteil ankommt (siehe Art. 103 Abs. 2 GG). Dieses abschlie-

---

[157] Siehe 2. Kapitel C II 2.

[158] Dies kann an dieser Stelle allerdings nur unter dem Vorbehalt festgestellt werden, daß eine solche konkludente Aussage des Täters überhaupt konstruiert werden kann.

[159] Siehe bereits oben Fn. 139.

ßende Strafbarkeitsurteil muß sich dieser grundgesetzlichen Bestimmung zufolge bereits zur Tatzeit aus dem Strafgesetz ergeben haben. Die Überprüfung eines strafrechtlichen Gesetzes anhand des strafrechtlichen Bestimmtheitsgrundsatzes – so läßt sich zumindest als These formulieren – muß also nicht mehr als die Überprüfung der endgültig gewonnenen Auslegung einer Strafnorm im Einzelfall sein. Es geht dagegen nicht darum, die jeweils befürwortete oder abgelehnte Auslegung jedes einzelnen Straftatmerkmals innerhalb der betreffenden Bestimmung anhand von Art. 103 Abs. 2 GG zu überprüfen.

Dem mag man entgegenhalten, eine Strafvorschrift sei nicht mehr als die Summe ihrer einzelnen Voraussetzungen, und demgemäß könne man jeden Verstoß der Auslegung einer Strafbestimmung gegen Art. 103 Abs. 2 GG in einem bestimmten Tatbestandsmerkmal dieser Bestimmung wiederfinden. Dies ist zwar zutreffend; allerdings verlangt der Verfassungswortlaut von Art. 103 Abs. 2 GG doch nur diese eine Prüfung. So kann man zunächst sagen, die Durchführung mehrerer Prüfungen, von Prüfungen im Rahmen jedes einzelnen Straftatmerkmals, sei überflüssig. Sie ist darüber hinaus jedoch auch fehleranfällig, wenn sie nicht deutlich macht, daß die Auslegung der gesamten Norm an deren gesamtem Wortlaut gemessen wird.

Im Rahmen des § 164 StGB bedeutet dies, daß keine eigene Untersuchung innerhalb des Merkmals „wider besseres Wissen“ erfolgt; es ist also nicht zu fragen, ob der Täter sichere Kenntnis vom Nichtvorliegen des für erforderlich gehaltenen Merkmals unzutreffender Tatsachenbehauptungen hat, sondern allein, ob der Täter sein Opfer „wider besseres Wissen ... verdächtigt“.

Die von Art. 103 Abs. 2 GG lediglich verlangte „Abschlußprüfung“ der überwiegenden Meinung zu § 164 Abs. 1 StGB vor dem Hintergrund des Wortlautes der Vorschrift besteht diese überwiegende Meinung also. Dies deshalb, da es bei der Überprüfung der Auslegung einer Strafbestimmung anhand von Art. 103 Abs. 2 GG nicht darum geht, jedes einzelne Merkmal der Bestimmung in jedem beliebigen Gesetzesverständnis für mit den Prinzipien des Art. 103 Abs. 2 GG vereinbar zu befinden; es geht allein darum, die sich insgesamt ergebende Gesetzesauslegung als verfassungskonform einzustufen.

Die Überschrift dieses Abschnitts, welche u. a. von einer Relativierung der Priorität von Art. 103 Abs. 2 GG spricht, ist dabei nicht so zu verstehen, als sei damit eine Einschränkung dieser Priorität gemeint; vielmehr soll es hier nur um eine Präzisierung und darum gehen, die Grenzen, welche auch die Grundsätze des Art. 103 Abs. 2 GG aufweisen, zu verdeutlichen. Eine Einschränkung bedeutet dies allerdings im Hinblick auf einen überschießenden, d. h. über dessen immanente Begrenzungen hinausgehenden Gebrauch des Analogieverbotes des Art. 103 Abs. 2 GG als eines verfassungskräftigen und damit überaus wirkungsvollen Arguments.

III. Präzisierung des Verhältnisses des Analogieverbotes zu § 164 Abs. 1 StGB

Aus dieser These sowie diesen Folgerungen ergibt sich zumindest ein erheblich höheres Maß an Klarheit: Das Analogieverbot kann nicht bereits durch eine bestimmte Interpretation eines einzelnen Straftatmerkmals verletzt sein, wenn das Ergebnis der Auslegung der gesamten Strafnorm vor dem Analogieverbot bestehen kann. Damit wiederum ist z. B. gemeint, daß eine bestimmte Interpretation des § 164 Abs. 1 StGB nicht bereits deshalb verfassungswidrig sein muß, weil durch sie ein bestimmtes Merkmal der Vorschrift scheinbar nicht beachtet wird. Mit anderen Worten: Die Auslegung des § 164 Abs. 1 StGB, es müsse nicht in jedem Fall unzutreffend eine rechtswidrige Tat behauptet werden, kann nicht schon deshalb gegen Art. 103 Abs. 2 GG verstoßen, weil eine solche Behauptung nicht „wider besseres Wissen“ aufgestellt werden könne; denn es ist – wie gesehen – auch ein anderes Verständnis dieses gesetzlichen Merkmals möglich.

Zu einer nachvollziehbaren Prüfung des Analogieverbotes gehört danach in jedem Fall auch die Feststellung, die angegriffene Gesetzesinterpretation sei mit dem möglichen Wortsinn des (gesamten) Gesetzes nicht vereinbar; belegt werden müßte diese Feststellung durch die Zitierung des jeweiligen Gesetzestexts. Der bloße Hinweis auf Art. 103 Abs. 2 GG ohne Zitierung des Gesetzeswortlauts genügt dem nicht und ist damit mindestens undurchsichtig.

D. Übertragung der Erkenntnisse auf den Streit zwischen Beschuldigungs- sowie Behauptungsauffassung

In den Zusammenhang dieses Kapitels paßt auch das Beispiel der Argumentation *Kreys* zum Meinungsstreit zwischen Beschuldigungs- sowie Behauptungslehre.[160] Zur Erinnerung: *Krey* vertritt dabei unter Berufung auf Art. 103 Abs. 2 GG, der Wortlaut des § 164 Abs. 1 StGB, wonach „ein anderer ... wider besseres Wissen einer rechtswidrigen Tat ... verdächtigt“ werden muß, könne nur dann verwirklicht sein, wenn der Verdächtigte diese Tat in Wahrheit nicht begangen habe. Nur dann könne der Täter den anderen nämlich „wider besseres Wissen“ verdächtigen, nicht dagegen, wenn der Täter wisse, daß der von ihm Verdächtigte die angebliche Straftat begangen hat.[161]

Auch *Kreys* – auf den ersten Blick einleuchtende – Auffassung ist dahingehend zu untersuchen, ob der strafrechtliche Bestimmtheitsgrundsatz einer Auslegung des § 164 Abs. 1 StGB, wonach auch der zutreffend den Täter der angeblichen Tat Verdächtigende bestraft werden kann, wirklich entgegensteht. Dies würde er dann nicht, wenn das Merkmal der „unzutreffenden Behauptungen über eine rechtswidrigen Tat“ ein erst in die Strafnorm des § 164 Abs. 1 StGB hineininterpretiertes Merkmal wäre.[162] Um ein solches Merkmal handelt es sich bei der Voraussetzung „unzutreffender Behauptungen über eine rechtswidrige Tat“, denn solange es andere mögliche Auslegungen der Vorschrift gibt – wie jede in irgendeiner anderen Weise „wider besseres Wissen“ erhobene Verdächtigung –, hat diese allgemein für erforderlich gehaltene Voraussetzung an der Garantie des Art. 103 Abs. 2 GG nicht teil.

---

[160] Diese Ansicht *Kreys* wurde bereits oben im 1. Kapitel dieser Arbeit (unter C II 3) dargestellt.

[161] *Krey*, Besonderer Teil 1, Rn. 596 c.

[162] Dies war eine der Erkenntnisse dieses Kapitels, siehe oben Abschnitt C I.

Zwar wurde die Auffassung *Kreys* zum Problem der Beschuldigungs- und Behauptungsauffassung in der vorliegenden Arbeit bereits an früherer Stelle erläutert und betrifft mit § 164 Abs. 1 StGB zudem dieselbe Vorschrift wie die Frage nach dem Gegenstand der falschen Verdächtigung. Dennoch mag man dem Verfasser insoweit vorhalten, diese Auffassung sei mit der zu diskutierenden Argumentation *Rudolphi/Rogalls* weitgehend identisch und beschäftige sich auch mit demselben Gesetzesmerkmal, nämlich dem notwendigen Handeln des Täters „wider besseres Wissen". – Gleichwohl handelt es sich doch nicht um denselben Gegenstand: *Krey* und *Rudolphi/Rogall* streiten um die Auslegung zweier verschiedener Merkmale des § 164 Abs. 1 StGB, nämlich einerseits desjenigen des „Verdächtigens" und andererseits desjenigen der „rechtswidrigen Tat".

E. Fazit

Für das Verständnis des Fortgangs der vorliegenden Arbeit sind zwei der zuvor getroffenen Feststellungen außerordentlich wichtig; sie sollen daher an dieser Stelle nochmals erwähnt werden: Zum einen handelt es sich dabei um die Feststellung, die Überprüfung eines strafrechtlichen Gesetzes anhand des strafrechtlichen Bestimmtheitsgrundsatzes sei nicht mehr als die Überprüfung der endgültigen Auslegung der jeweiligen Strafnorm. Gemeint ist mit letzterem das in Unterabschnitt C II Festgestellte: Bei der Anwendung des Analogieverbotes auf eine konkrete Strafvorschrift wird das Analogieverbot nicht auf jedes einzelne Straftatmerkmal angewandt, sondern nur auf die Vorschrift insgesamt.

Zum anderen ist im weiteren Verlauf der Arbeit die Feststellung besonders wichtig, die erst in eine Norm hineininterpretierten Merkmale hätten nicht an der Garantie des Gesetzeswortlauts durch Art. 103 Abs. 2 GG teil. Dabei handelt es sich um die Folgerung daraus, daß Art. 103 Abs. 2 GG nur den bloßen Wortlaut einer Strafvorschrift garantiert, nicht dagegen auch ungeschriebene, dem Gesetzeswortlaut nicht unmittelbar entnehmbare Voraussetzungen. So ist im Fall des § 164 Abs. 1 StGB das zwar nicht ausdrücklich statuierte, gleichwohl jedoch allgemein für notwendig gehaltene Erfordernis der Behauptung unzutreffender Verdachtstatsachen nicht von der Garantie des Art. 103 Abs. 2 GG erfaßt.

Kapitel 4: Folgerungen aus der Lehre vom konkludenten Rechtsgeschäft

A. Analyse der Lehre vom konkludenten Rechtsgeschäft

Bereits mehrfach war in Vorstehendem die Frage von konkludenten Äußerungen des Verdächtigers bei § 164 Abs. 1 StGB angeklungen. Hierzu ist zunächst an einen Schulfall anzuknüpfen, welcher in jeder Erstsemestervorlesung zum Bürgerlichen Recht angesprochen wird, nämlich den wortlosen, allerhöchstens im Wege eines Kopfnickens bewerkstelligten Kauf beispielsweise einer Zeitung.[163] Auch in diesem Kauf einer Zeitung ohne Worte findet sich ein aus zwei übereinstimmenden Willenserklärungen bestehender Kaufvertrag zwischen Zeitungsverkäufer sowie -käufer, wobei es sich dabei jeweils um eine konkludente Willenserklärung handelt. Der Inhalt dieser Willenserklärungen ist etwa derjenige: „Ich würde gerne diese Zeitung zum darauf angegebenen Kaufpreis von Ihnen kaufen." – „Ich bin einverstanden und verkaufe Ihnen die Zeitung zu diesem Preis."

Da ein Kaufgeschäft oftmals in der zuvor dargestellten Weise ohne irgendeinen Wortwechsel vonstatten gehen wird, ist die Lehre vom konkludenten Rechtsgeschäft notwendiger Bestandteil der Rechtsgeschäftslehre.[164] Die Rechtsordnung vollzieht durch die Anerkennung konkludenter Rechtsgeschäfte die Anerkennung und rechtliche Beurteilung einer alltäglich existierenden rechtsgeschäftlichen Situation. Es drängt sich die Annahme auf, daß es auch so sein muß, daß nämlich solche Alltagssituationen, in welchen wortlos und doch ganz offensichtlich ein Rechtsgeschäft getätigt wird, von der Rechtsordnung angemessen bewältigt werden müssen. Die hierbei einzig ersichtliche und wohl auch naturgegebene Möglichkeit ist die einer Anerkennung konkludenter Willenserklärungen.

---

[163] Vgl. etwa *Medicus*, Allgemeiner Teil des BGB, Rn. 334.

[164] Anders allein die Verfechter der allerdings lediglich vereinzelt vertretenen Lehre vom faktischen Vertrag; siehe dazu *Heinrichs*, in: Palandt, BGB, Einf. v. § 145 Rn. 25.

Daraus wiederum läßt sich schließen, daß die Rechtsordnung in gewisser Weise nicht mehr als ein sekundäres Abbild der primären Wirklichkeit darstellen kann.[165] Mit letzterem soll u. a. gesagt werden, daß die Rechtsordnung bestimmte Alltagsphänomene bereits vorfindet und diese stets angemessen zu bewältigen hat, wobei die Rechtsordnung sich dieser Aufgabe nicht verweigern darf. Wo also (allein) eine schlüssige Äußerung tatsächlich vorliegt, muß sie auch rechtlich als eine solche anerkannt werden.

Bezogen auf die hier in Rede stehende Vorschrift des § 164 Abs. 1 StGB bedeutet dies, daß beispielsweise bei der Erstattung einer Strafanzeige[166] nicht übersehen werden kann, daß der Anzeigeerstatter regelmäßig keine die Schuld oder sonst die Straf- oder Verfolgbarkeit ausschließenden Umstände berichten wird, schon weil ihm solche regelmäßig nicht bekannt sind bzw. bereits objektiv nicht vorliegen. In jedem Fall der Erstattung einer Strafanzeige ist jedenfalls in tatsächlicher Hinsicht davon auszugehen, daß auch derjenige Anzeigeerstatter, der sich einer ausdrücklichen Äußerung zu Schuld- oder Strafbarkeitsausschlußgründen enthält, jedenfalls in schlüssiger Weise zum Ausdruck bringt, entsprechende Umstände lägen nach seinem Kenntnisstand nicht vor. Jedenfalls im Tatsächlichen ist es allein sinnvoll zu vermuten, jemand, der einen anderen einer bestimmten Tat verdächtigt und keine entlastenden Umstände mitteilt, habe von solchen Umständen auch keine Kenntnis.

---

[165] In dieser Weise können auch die Ausführungen *Larenz/Canaris'*, Methodenlehre der Rechtswissenschaft, S. 141, interpretiert werden, denen zufolge in „Gebieten, in denen jeder mit dem Recht in Berührung kommt, also etwa auf dem Gebiet der Alltagsgeschäfte ... Ausdrücke der Rechtssprache Bestandteil der allgemeinen Sprache“ werden.

[166] Hier (wie stets in dieser Arbeit) dient die Formulierung „Erstattung einer Strafanzeige“ allein zur Veranschaulichung der bei der falschen Verdächtigung oftmals gegebenen Tatsituation. Klar ist zum einen, daß es nicht zu den Tatbestandsmerkmalen des § 164 StGB gehört, die betreffende Verdächtigung im Rahmen der Erstattung einer Strafanzeige zu äußern. Zum anderen ist jedoch auch nicht jede Verdächtigung zur Erfüllung des Tatbestandes ausreichend, da sie „bei einer Behörde oder bei einem zur Entgegennahme von Anzeigen zuständigen Amtsträger oder militärischen Vorgesetzten oder öffentlich“ geäußert werden muß (so der Gesetzestext des § 164 Abs. 1 StGB).

Auf diesen rein tatsächlichen Befund muß – so kann man zumindest als Hypothese formulieren – die Rechtsordnung reagieren, indem sie eine konkludente Äußerung vorgenannten Inhalts anerkennt.[167] Der Verdächtiger teilt also stets – ausdrücklich oder konkludent – mit, es sei eine Straftat gegeben, also eine nicht allein rechtswidrige, sondern auch eine unter Vorliegen der Schuld- sowie der sonstigen Straftat- und Verfolgungsvoraussetzungen verübte Tat. Was die Rechtsordnung angesichts dieses Befundes nicht machen darf, ist, sich der vorgefundenen Situation zu verweigern und diese Situation nicht auch rechtlich nachzuvollziehen. Die Juristen dürfen dort, wo im Tatsächlichen eine schlüssige Äußerung vorliegt, diese nicht ignorieren, sondern müssen eine entsprechende konkludente Äußerung vielmehr auch rechtlich anerkennen.

Bei der Erstattung einer Strafanzeige[168] etwa wegen eines Betruges schildert der Anzeigeerstatter normalerweise neben diesem Betrug bei deren Vorliegen auch das Eingreifen von schuld- oder sonst straf- oder verfolgbarkeitsrelevanten Tatumständen wie etwa einer Volltrunkenheit des Betrügers im Zeitpunkt der Tat (§ 20 StGB) oder der Tatbegehung schon vor vielen Jahren (§ 78 Abs. 3 StGB). Schildert er solche Umstände nicht, so könnte aus der Sicht des Erklärungsempfängers gleichwohl davon auszugehen sein, daß kein solcher Umstand vorliegt. Der Grund hierfür könnte sein, daß die Schilderung eines Betruges die zumindest schlüssige Aussage enthält, vom Anzeigeerstatter werde eine nicht allein unrechte, sondern eine insgesamt straf- sowie verfolgbare Handlung zur Anzeige gebracht. Dies jedoch würde genauer besehen bedeuten, daß aus der Sicht des Anzeigeerstatters bei dem Betrüger im Tatzeitpunkt keine Volltrunkenheit gegeben war, die Tat auch nicht verjährt ist und zudem keine sonstigen eine Strafverfolgung ausschließenden Umstände vorgelegen haben.

Hierbei ist zu bedenken, daß der Anzeigeerstatter als juristischer Laie keine näheren Kenntnisse von den jeweiligen Strafverfolgungsvoraussetzungen haben wird. Der Anzeigeerstatter wird nicht sicher entscheiden können, ob

---

[167] So auch BGH, bei Dallinger, MDR 1956, 269, 270.

[168] Daß es sich bei dieser Tatsituation um nicht mehr als ein der Veranschaulichung dienendes Beispiel handelt, dazu siehe oben Fußn. 166.

beim Täter der für eine Schuldunfähigkeit erforderliche Alkoholisierungsgrad vorgelegen hat oder ob eine sieben Jahre zurückliegende Betrugstat tatsächlich bereits verjährt ist. Die zutreffende rechtliche Bewertung ist insoweit jedoch ohnehin nicht Aufgabe des Anzeigeerstatters.[169] Er kann allein zum Ausdruck bringen, die von ihm angezeigte Tat sei *aus seiner (eines Laien) Sicht* insgesamt straf- sowie verfolgbar. Der Anzeigende kann – was jedoch ausreichend ist – also allein so verstanden werden, daß keine die Voraussetzungen des § 20 StGB erfüllende Volltrunkenheit des Verdächtigten vorgelegen haben kann, so er eine Trunkenheit des Verdächtigten überhaupt nicht erwähnt, oder daß etwa keine Strafverfolgungsverjährung vorgelegen haben wird, so er nicht wenigstens im Ansatz erwähnt, daß die Tat überhaupt bereits einige Zeit zurückliegt.

Die ausdrücklichen oder nicht ausdrücklichen Äußerungen sind eine der Rechtsordnung vorgegebene Lebenswirklichkeit; diese Lebenswirklichkeit zu ignorieren vermag die Rechtsordnung nicht. Die Annahme oder Nichtannahme einer konkludenten Äußerung ist nicht die Aufgabe der Rechtswissenschaft, sondern muß vielmehr stets der Lebenswirklichkeit folgen. Auch für den hier problematischen Fall der Schilderung einer rechtswidrigen Tat unter Verschweigen einschlägiger schuld- oder sonst strafbarkeitsausschließender Umstände[170] müßte die Rechtsordnung also eine konklu-

---

[169] Dies ist der zutreffende Kern der bereits oben wiedergegebenen Auffassung, falsche Folgerungen des Anzeigeerstatters aus zutreffenden Tatsachenbeobachtungen stellten keinesfalls eine falsche Verdächtigung dar, siehe oben S. 27 mit Fußn. 50.

[170] Dabei handelt es sich um den zweiten der oben unterschiedenen Fälle. Allein bei diesem zweiten Fall taucht die Problematik konkludenter Äußerungen notwendig auf; der erste Fall dagegen zeichnet sich dadurch aus, daß der Täter bei seiner Verdächtigung auch ausdrücklich das Vorliegen schuld- oder sonst straf- oder verfolgbarkeitsrelevanter Tatumstände mitberichten kann. – Denkbar ist zwar auch der Fall, daß der Täter ausdrücklich einen anderen einer rechtswidrigen Tat verdächtigt und allein auf konkludente Weise das Vorliegen bestimmter entlastender Umstände mitteilt. Ein solcher Fall wäre indessen identisch mit dem Fall des ausdrücklichen Mitteilens solcher Umstände; denn daß die konkludente Willensäußerung rechtlich stets gleichbedeutend mit der ausdrücklichen Willensäußerung ist, wird nirgendwo bestritten (siehe nur *Medicus*, Allgemeiner Teil des BGB, Rn. 335), anders als im Einzelfall die Anerkennung einer konkludenten Äußerung.

dente Behauptung des Nichtvorliegens dieser Umstände zur lebensentsprechenden Beurteilung einer solchen Sachlage annehmen.

B. Erklärungen des Bieters im Vergabeverfahren

Die im vorherigen Abschnitt aufgestellte Hypothese, die Rechtsordnung müsse im Verschweigensfall eine konkludente Äußerung des Täters zum Nichtvorliegen entlastender Umstände anerkennen, soll im folgenden anhand eines einschlägigen Beispiels, ebenfalls aus dem Bereich des Strafrechts, zu überprüfen versucht werden: Dabei handelt es sich um den bereits höchstrichterlich entschiedenen und auf dieser Grundlage leichter zu diskutierenden Fall der Erklärungen des Bieters in einem Vergabeverfahren.

Hierbei schreibt ein Auftraggeber (ein beliebiges Unternehmen, oft ein öffentliches) eine bestimmte Leistung (beispielsweise eine Bauleistung) aus, wovon er sich einen Wettbewerb, insbesondere: einen Preiswettbewerb zwischen verschiedenen Bietern verspricht; die Bieter geben jeweils nichtöffentlich (z. B. in einem verschlossenen Umschlag) ein Angebot zur Erbringung der verlangten Leistung ab. Die Strafgerichte werden mit dieser Praxis befaßt, sobald sich die beteiligten Bieter untereinander absprechen, um ein für sie vorteilhaftes höheres Entgelt durchzusetzen; denn die sodann erfolgende Vereinbarung des höheren Entgelts schädigt gleichzeitig das Vermögen des Auftraggebers[171] und kann damit einen Betrug gem. § 263 StGB darstellen.

Tatsächlich das Vorliegen sämtlicher Betrugsvoraussetzungen festzustellen, bedarf allerdings regelmäßig des Vorhandenseins einer konkludenten Erklärung des Bieters, seinem Angebot liege nicht etwa eine unzulässige

---

[171] Dieser Frage soll hier nicht weiter nachgegangen werden. Es scheint offenbar gar nicht selbstverständlich zu sein, daß die Vereinbarung eines höheren Preises das Vermögen des Auftraggebers, wie es § 263 StGB verlangt, tatsächlich beschädigt. Die einschlägigen höchstrichterlichen Entscheidungen jedenfalls problematisieren gerade das Vorliegen eines Vermögensschadens des Auftraggebers ausführlich. Siehe nur BGHSt 47, 83, 88 f., mit zahlreichen weiteren Nachweisen.

Absprache mit anderen Bietern zugrunde.[172] Ist eine Erklärung solchen Inhalts nicht konstruierbar, liegt keine Täuschungshandlung vor: Die bloße Abgabe des Angebotes kann nicht als die maßgebliche Täuschungshandlung identifiziert werden, da der Bieter die geforderte Leistung zu dem jeweils angebotenen Entgelt sehr gerne erbringen möchte.

Bereits im Leitsatz einer jüngeren Entscheidung (welche die gefestigte Rechtsprechung des Gerichts zu förmlichen Ausschreibungsverfahren nun auch auf die freihändige Vergabe überträgt) führt der BGH aus, die Angebotsabgabe enthalte „regelmäßig die schlüssige (konkludente) Erklärung, daß dieses Angebot ohne eine vorherige Preisabsprache zwischen den Bietern zustande gekommen ist."[173] Hier ist es also – anders als bei der falschen Verdächtigung unter Verschweigen entlastender Umstände – so, daß bereits gerichtliche Entscheidungen existieren, welche den notwendigen Schritt der Anerkennung einer konkludenten Mitteilung neben einer ausdrücklichen hauptsächlichen Erklärung vollziehen. Hier ist dies die Mitteilung zum Fehlen einer Preisabsprache neben dem jeweils abgegebenen Gebot; im Fall des § 164 Abs. 1 StGB wäre es die Mitteilung zur Schuld sowie zur Straf- und Verfolgbarkeit neben der Äußerung einer bestimmten Verdächtigung. In jedem Fall handelt es sich um die Auslegung einer Erklärung, so daß die einschlägigen Vorschriften der §§ 116 ff. BGB herangezogen werden können.[174]

---

[172] In manchen Fällen müssen die Teilnehmer am Vergabeverfahren ohnehin die *ausdrückliche* Versicherung abgeben, ihr Angebot sei ordnungsmäßig zustande gekommen, vgl. *Klusmann*, in: Wiedemann, Handbuch des Kartellrechts, § 56 Rn. 25; *Ranft*, wistra 1994, 41, 42.

[173] BGHSt 47, 83, 1. Leitsatz.

[174] Nur am Rande sei vermerkt, daß es sich nach Ansicht des Verfassers in beiden Fällen – bei der Angebotsabgabe im Vergabeverfahren sowie bei der Verdächtigung im Rahmen der Erstattung einer Strafanzeige – um Willenserklärungen i. S. d. Vorschriften des Allgemeinen Teils des BGB handelt. Dies ist im Fall der Angebotsabgabe im Vergabeverfahren selbstverständlich; auch die Äußerung eines Verdachts ist jedoch auf Veränderung der Rechtslage gerichtet: die durch die Aussage verbreiterte Sachlage im strafprozessualen Ermittlungsverfahren und die Einleitung von Ermittlungen gegen den Verdächtigten. Aus dieser Feststellung ergibt sich, daß die §§ 116 ff. BGB hier analog angewendet werden können.

Danach ist für den Inhalt einer Willenserklärung das Verständnis des Empfängers der Erklärung maßgeblich, und zwar dasjenige Verständnis, welches die Verkehrsauffassung dem Erklärungsempfänger zubilligt.[175] Das Verständnis des Erklärungsempfängers im Rahmen des Vergabeverfahrens wird ganz überwiegend wie folgt beurteilt: Der zur Angebotsabgabe auffordernde Auftraggeber erwarte einen Wettbewerb unter den beteiligten Unternehmen sowie autonom kalkulierte, nicht auf einer unzulässigen Absprache beruhende Angebotspreise.[176] In dieser Weise dürfe der Erklärung auch nach der Verkehrsauffassung der Inhalt beigemessen werden, die Offerte sei unbeeinflußt von Absprachen mit Dritten oder sonstiger Einflußnahme zustandegekommen.[177] Danach ist klar, daß auch der BGH in seiner Entscheidung im 47. Band seiner amtlichen Entscheidungssammlung zu seiner bereits dargestellten Auffassung gelangt, der Bieter im Vergabeverfahren erkläre neben der Abgabe seines Angebotes zumindest konkludent auch, dieses Angebot sei sowohl unbeeinflußt zustande gekommen als auch frei kalkuliert worden.[178]

Soweit es in diesem Abschnitt neben der Darstellung des Beispiels des Vergabeverfahrens auch um die Überprüfung der oben aufgestellten Hypothese geht, ist festzuhalten, daß beim Vergabebetrug außer der Untersuchung von Empfängerhorizont sowie Verkehrsauffassung keine weitere Bedingung für die Anerkennung einer konkludenten Willensäußerung aufgestellt wird. Kann und muß der Empfänger einer Erklärung verstehen, daß diese (auch) einen bestimmten Inhalt aufweist, so muß augenscheinlich (auch) eine konkludente Äußerung dieses Inhalts angenommen werden.

---

[175] Insbesondere ergibt sich dies aus § 157 BGB.

[176] BGHSt 47, 83, 86 f.; *Best*, GA 2003, 157, 163; *Rose*, NStZ 2002, 41; *Satzger*, JR 2002, 391, 392; *Walter*, JZ 2002, 254.

[177] Neben den in der vorherigen Fußnote Genannten: *Bartmann*, Der Submissionsbetrug, S. 21; *Baumann/Arzt*, ZHR 134 (1970), 24, 50; *Cramer*, in: Schönke/Schröder, StGB, § 263 Rn. 16; *Hohmann*, NStZ 2001, 566, 568; *Jaath*, Schäfer-Festschrift, S. 89, 98; *Rönnau*, JuS 2002, 545; *Rössner/Guhra*, Jura 2001, 403, 404; *Satzger*, Der Submissionsbetrug, S. 59 f.; *Tiedemann*, in: Leipziger Kommentar, § 263 Rn. 39.

[178] Siehe oben S. 78 mit Fußn. 173.

Dies war auch gemeint, wenn weiter oben von einer der Rechtsordnung vorgegebenen Lebenswirklichkeit die Rede war: Der i. S. d. Verkehrsauffassung zu verstehende Empfängerhorizont stellt in bezug auf eine abgegebene Erklärung einen Ausschnitt aus der Lebenswirklichkeit dar, den die Rechtsordnung hinzunehmen und angemessen zu bewältigen hat.

C. Ablehnung der Annahme konkludenter Äußerungen des Verdächtigers in der Literatur

Bereits oben war bemerkt worden, daß *Schilling* zur Frage konkludenter Äußerungen des Verdächtigers bei § 164 StGB die den bisherigen Feststellungen bzw. der bisherigen Hypothese zuwiderlaufende Auffassung vertritt, solche konkludenten Äußerungen könnten nicht angenommen werden.[179] *Schilling* vertritt dies im Zusammenhang des Streits zwischen Beschuldigungs- und Behauptungsauffassung, wobei ebendieses Problem jedoch genauso bei der Frage nach dem richtigen Verständnis des Begriffes „rechtswidrige Tat" in § 164 Abs. 1 StGB relevant ist. Dies deshalb, weil gerade das Vorliegen oder Nichtvorliegen der (unzutreffenden) konkludenten Mitteilung des Verdächtigers, bei der angezeigten Tat handele es sich um eine (nicht allein rechtswidrige, sondern) insgesamt straf- und verfolgbare, darüber entscheiden kann, ob eine ansonsten zutreffende Verdächtigung gleichwohl falsch ist. Aus diesem Grund ist *Schillings* Äußerung an dieser Stelle genauer zu untersuchen. Es handelt sich bei dieser Meinungsäußerung *Schillings* um eine ansonsten nicht vorfindliche Auffassung; dies liegt jedoch schlicht daran, daß es außer derjenigen *Schillings* – soweit ersichtlich – keine weiteren einschlägigen Fundstellen gibt.

Schillings Meinung läuft der im vorletzten Abschnitt aufgestellten Hypothese wirklich zuwider: Es war dort nicht allein festgestellt worden, daß die Rechtswissenschaft die ihr vorgegebene Lebenswirklichkeit beachten muß (Damit wäre *Schillings* Auffassung vereinbar, sofern nur die Lebenswirklichkeit so wäre, wie *Schilling* sie sieht.). Oben wurde jedoch auch die Behauptung aufgestellt, bei der Äußerung eines Verdachts könne unausge-

[179] *Schilling*, Armin-Kaufmann-Gedächtnisschrift, S. 595, 598 f.; vgl. dazu auch die Ausführungen oben im 1. Kapitel (dort C II 2).

sprochen auch zum Ausdruck gebracht werden, die angebliche Tat sei nicht allein rechtswidrig, sondern auch insgesamt eine verfolgbare Straftat (Dem wiederum läuft *Schillings* Auffassung, eine konkludente Äußerung dieses Inhalts könne gerade *nicht* angenommen werden, eindeutig zuwider.).

Nach dem oben Gesagten ist klar, daß der Verfasser die Gegenposition zu *Schilling* bezieht: Der Lebenswirklichkeit entspricht es zum einen, bei der Erstattung einer Strafanzeige (wie auch bei der sonstigen Äußerung eines Verdachts) anzunehmen, es werde nicht eine allein rechtswidrige, sondern eine auch insgesamt straf- sowie verfolgbare Tat zur Anzeige gebracht. Zum anderen ist es so, daß die Rechtsordnung mit dieser Lebenswirklichkeit insoweit sinnvoll umgehen und sie insoweit nachzeichnen muß, als sie eine entsprechende konkludente Erklärung anerkennt.[180] In dieser Weise ist auch die bereits zitierte[181] Entscheidung des BGH aus dem Jahr 1955 zu verstehen, in welcher der BGH das bewußte Verschweigen des fehlenden Vorsatzes oder eines schuld- oder strafausschließenden Umstandes als für § 164 Abs. 1 StGB ausreichend gehalten hatte.[182]

Zudem kann sich der Verfasser auf die im voraufgegangenen Abschnitt dargestellte BGH-Rechtsprechung zum Vergabebetrug berufen. Die Auffassung *Schillings* läuft auch dem Rechtsgedanken dieser Rechtsprechung entgegen: Die Rechtsprechung besagt u. a., daß der Bieter im Vergabeverfahren neben der ausdrücklichen Abgabe seines Gebots konkludent erklärt, dieses sei unbeeinflußt zustandegekommen.[183]

Bei dieser Feststellung stützt sich auch der BGH maßgeblich auf die Erwartungen des Erklärungsempfängers und die diesbezügliche Verkehrsauffassung. Zwar mag die Rechtsprechung des BGH zum Vergabebetrug auf das vorliegende Problem nicht unmittelbar angewendet werden können.

---

[180] Die Konsequenz *Schillings* Meinung wäre es, sich auf den Standpunkt zu stellen, sofern der Verdächtiger nicht ausdrücklich etwas Anderslautendes mitteilt, erkläre er *nicht*, die von ihm behauptete Tat sei auch insgesamt straf- und verfolgbar.

[181] Vgl. oben im 2. Kapitel S. 45.

[182] BGH, bei Dallinger, MDR 1956, 269, 270.

[183] BGHSt 47, 83, 1. Leitsatz.

Gleichwohl ist der Rechtsgedanke jener Gerichtsentscheidungen auch hier zweifellos passend, weswegen derjenige, der die Annahme einer konkludenten Nebenäußerung (zur Straf- und Verfolgbarkeit der Tat insgesamt) im Fall einer ausdrücklich allein das Vorliegen einer rechtswidrigen Tat behauptenden Verdächtigung ablehnt, Unterschiede zwischen beiden Fallgestaltungen anführen müßte.[184]

D. Bestätigung der aufgestellten Hypothese

In diesem Kapitel ging es darum festzustellen, ob bei der Verdächtigung wegen einer rechtswidrigen Tat, auch wenn dazu nichts ausdrücklich mitgeteilt wird, zumindest konkludent die Begehung einer insgesamt straf- und verfolgbaren Tat behauptet wird. Dazu war im ersten Abschnitt die Hypothese aufgestellt worden, daß dies so ist, daß die Rechtsordnung eine mindestens konkludente Behauptung des Nichtgegebenseins von entweder die Schuld oder die sonstige Straf- oder Verfolgbarkeit beeinflussenden Umständen annehmen muß.

Im zweiten Abschnitt dieses Kapitels war zur Überprüfung dieser Hypothese der vergleichbare Fall der Abgabe von teils ausdrücklichen, teils jedoch nicht ausdrücklichen Erklärungen der Bieter in einem Vergabeverfahren erläutert worden. Der Rechtsgedanke dieser Entscheidungen, bei einem entsprechenden Empfängerhorizont und einer entsprechenden Verkehrsauffassung müsse eine entsprechende konkludente Erklärung auch rechtlich anerkannt werden, ist auf den Fall der Äußerung einer Verdächtigung übertragbar.

---

[184] Man kann gegen diese Folgerungen zwar einwenden, es handele sich bei der Anerkennung einer konkludenten Nebenäußerung nicht um den Rechtsgedanken der BGH-Rechtsprechung zum Vergabebetrug, sondern allein um die dieser Rechtsprechung zugrundeliegende Erkenntnis, Mitteilungen der Menschen untereinander seien stets so zu verstehen, wie der Adressat der Äußerung diese Mitteilung vernünftigerweise auffassen muß. Auch eine solche Erkenntnis wäre indessen aus Sicht des Verfassers ein Rechtsgedanke der entsprechenden Entscheidungen.

Die im diesem unmittelbar voraufgegangenen Abschnitt diskutierte abweichende Auffassung *Schillings* stellt für die aufgestellte Hypothese kein Hindernis dar, da *Schilling* ohne jedes Argument nur behauptet, die Annahme einer entsprechenden konkludenten Erklärung des Verdächtigers „gehe nicht an“.

Dementsprechend kann das Fazit dieses Kapitels nur eine Bestätigung der zuvor aufgestellten Hypothese sein: Im Fall einer Verdächtigung, sei es im Rahmen der Erstattung einer Strafanzeige, sei es bei der sonstigen Äußerung eines Verdachts, erwartet der Erklärungsempfänger danach die Mitteilung einer nicht allein unrechten, sondern einer insgesamt straf- und verfolgbaren Tat,[185] und diese Mitteilung erhält er auch in jedem Fall, entweder bereits ausdrücklich, andernfalls jedoch in konkludenter Weise.

---

[185] Siehe dazu, daß auch Fälle vorstellbar sind, in welchen schon die Verwirklichung des Unrechtstatbestandes einer Strafbestimmung Strafrechtsfolgen nach sich zieht, *Langer*, Die falsche Verdächtigung, S. 20, sowie in dieser Arbeit Fußn. 291 sowie die Ausführungen im 7. Kapitel, S. 78.

Kapitel 5:
Auslegung des § 164 Abs. 1 StGB nach den bisherigen Erkenntnissen

Zwar steht nach den Erkenntnissen des dritten Kapitels zum einen fest, daß Art. 103 Abs. 2 GG der überwiegenden Meinung zu § 164 Abs. 1 StGB nicht entgegensteht. Danach ist der Tatbestand auch bei der Behauptung *zutreffender* Tatsachen erfüllt, sofern nur eingreifende (entlastende) schuld- oder sonst straf- oder verfolgbarkeitsrelevante Tatumstände verschwiegen werden.[186] Art. 103 Abs. 2 GG fordert jedoch *keine* bestimmte Auslegung der Vorschrift über die falsche Verdächtigung. Die Auffassung, welche das Verschweigen von Schuld- oder Strafbarkeitshindernissen bei der ansonsten zutreffenden Schilderung einer Unrechtstat für eine falsche Verdächtigung hält, steht *nicht* in Widerspruch zum Analogieverbot.

Zum anderen kann davon ausgegangen werden, daß der Verdächtiger dann, wenn er ausdrücklich allein eine rechtswidrige Tat behauptet, sich konkludent auch zur Schuld des Täters sowie zur Straf- und Verfolgbarkeit der Tat äußert.[187] Nach den Erkenntnissen des vierten Kapitels muß das Vorliegen von auf Schuld und Strafbarkeit bezogenen konkludenten Nebenäußerungen bei der Erstattung einer Strafanzeige bzw. der sonstigen Verdächtigung anerkannt werden, so daß auch insoweit die Ansicht, allein *deren* Nichtzutreffen könne eine Verdächtigung zu einer falschen Verdächtigung machen, zumindest möglich bleibt.

Im folgenden soll nun untersucht werden, ob die überwiegende Meinung die Vorschrift des § 164 Abs. 1 StGB in zutreffender Weise interpretiert. Es steht bislang ja allein fest, daß der überwiegend vertretenen Meinung zwei gewichtige Gründe *nicht* entgegenstehen, nicht jedoch auch, ob dieser Meinung im Ergebnis gefolgt werden kann. Bei der Erörterung dieser Frage ist beispielsweise von Interesse, welche Bedeutung dem Gesetzeswortlaut

---

[186] Siehe hierzu das 3. Kapitel.

[187] Siehe dazu das voraufgegangene 4. Kapitel.

des § 164 Abs. 1 StGB („wider besseres Wissen“) sowie der amtlichen Überschrift zu der Vorschrift („*Falsche* Verdächtigung“) zukommt. Unter anderem ist auch zu klären, wie die in § 11 Abs. 1 Nr. 5 StGB enthaltene Definition die Auslegung des Begriffs der „rechtswidrigen Tat“ in § 164 Abs. 1 StGB beeinflußt. Sollten sich die soeben aufgezählten Auslegungskriterien letztlich als nicht entscheidend herausstellen, käme es bei der Interpretation des § 164 Abs. 1 StGB maßgeblich auf die sonstigen allgemeinen Kriterien der Gesetzesauslegung an.

A. Untersuchung von § 11 Abs. 1 Nr. 5 StGB

Zunächst wird man bei der Auslegung des in § 164 Abs. 1 StGB verwendeten Begriffes „rechtswidrige Tat“ an § 11 Abs. 1 Nr. 5 StGB denken, wo der Sprachgebrauch des StGB gerade in bezug auf diesen Begriff näher erläutert wird.[188] In § 11 Abs. 1 Nr. 5 StGB heißt es: „Im Sinne dieses Gesetzes ist rechtswidrige Tat: nur eine solche, die den Tatbestand eines Strafgesetzes verwirklicht“.

Bei oberflächlicher Betrachtung könnte man das vorliegende Problem vor dem Hintergrund dieses Gesetzeswortlauts als ein bloßes Scheinproblem ansehen, welches durch § 11 Abs. 1 Nr. 5 StGB eindeutig gelöst würde. Doch handelt es sich bei § 11 Abs. 1 Nr. 5 StGB wegen der Verwendung des Wortes „nur“ allein um eine teilweise Legeldefinition (bzw. einen unvollständigen klarstellenden Hinweis[189]), und somit kann auch § 11 Abs. 1 Nr. 5 StGB die in dieser Arbeit aufgeworfene Frage nicht in vollem Umfang beantworten.

---

[188] Klarstellend soll noch gesagt werden, daß es sich bei dieser Frage, bei der Frage, welche Bedeutung der in § 11 Abs. 1 Nr. 5 StGB enthaltenen Definition für die Inhaltsbestimmung des Begriffs der „rechtswidrigen Tat“ in § 164 Abs. 1 StGB zukommt, um einen wesentlichen Gesichtspunkt der besonderen Kriterien der Gesetzesauslegung handelt. Aus Sicht des Verfassers handelt es sich bei der Auswertung einer Legaldefinition (die stets den jeweiligen Gesetzeswortlaut erläutert) um eine Frage der wortlautbezogenen Gesetzesauslegung.

[189] Vgl. oben Fußn. 97.

Zudem ist fraglich, wie § 11 Abs. 1 Nr. 5 StGB überhaupt zu verstehen ist, wobei sich dessen Bedeutung darauf beschränken könnte, den Begriff der „rechtswidrigen Tat“ auf Straftaten zu reduzieren. Dies ist jedoch keineswegs die einzige Möglichkeit zur Deutung dieser Norm: Es könnte auch darauf verwiesen werden, daß eine „rechtswidrige Tat“ nach § 11 Abs. 1 Nr. 5 StGB „den Tatbestand eines Strafgesetzes“ erfüllen muß und daß dies allein bei einer vollständigen Straftat der Fall sei und nicht bereits bei einer allein unrechten Tat.[190] Das zutreffende Verständnis des § 11 Abs. 1 Nr. 5 StGB muß demnach zunächst durch Auslegung der Vorschrift bestimmt werden:

I. Wortlaut des § 11 Abs. 1 Nr. 5 StGB

Der Gesetzeswortlaut des § 11 Abs. 1 Nr. 5 StGB ist mehrdeutig und dies gerade im Hinblick auf das Problem der vorliegenden Arbeit, auf die Frage, ob den Begriff der „rechtswidrigen Tat“ in § 164 Abs. 1 StGB sämtliche rechtswidrige Taten, auch die nur rechtswidrigen, erfüllen, oder nur vollständige Straftaten. Es wäre eine zu oberflächliche Betrachtung des § 11 Abs. 1 Nr. 5 StGB, aus der Vorschrift folgern zu wollen, „rechtswidrige Taten“ i. S. d. StGB seien auch die nicht schuldhaften oder sonst nicht strafbaren. § 11 Abs. 1 Nr. 5 StGB bestimmt gerade, allein die „den Tatbestand eines Strafgesetzes“ erfüllenden Taten seien „rechtswidrige Taten“.[191]

Die damit aufgeworfene Frage, wie wiederum der Begriff des Tatbestands zu verstehen ist, ist ihrerseits nur oberflächlich beantwortet, wird er kurzerhand mit dem des Unrechtstatbestands gleichgesetzt. Der Tatbestandsbegriff ist bislang weithin ungeklärt; geklärt ist jedoch, daß der Tatbestand einer Straftat nicht wert- sowie wertungsfrei verstanden kann, sondern vielmehr Träger des Straftatunwertes ist.[192] Der Straftatunwert jedoch setzt sich

---

[190] Siehe dazu, daß § 11 Abs. 1 Nr. 5 StGB tatsächlich mehrdeutig ist, vorerst allein *Lackner/Kühl*, StGB, § 11 Rn. 18.

[191] Dafür ist es unerheblich, ob § 11 Abs. 1 Nr. 5 StGB als eine Legaldefinition oder lediglich als ein bloßer „klarstellender Hinweis“ angesehen wird, siehe dazu oben Fußn. 97.

[192] Siehe *Langer*, Das Sonderverbrechen, S. 343 sowie dort Fußn. 221.

– dies ist allgemein anerkannt –[193] nicht allein aus Unrechts-, sondern zudem aus Schuld- sowie sonstigen Momenten zusammen. Diese straftatsystematische Frage soll hier nicht vertieft werden;[194] für den vorliegenden Zweck ist die Feststellung ausreichend, der lediglich neutral von der Erfüllung des „Tatbestands eines Strafgesetzes" sprechende Gesetzeswortlaut des § 11 Abs. 1 Nr. 5 StGB sei offen auch für seine Interpretation als Verweis auf die nicht allein unrechts- sondern die zudem schuld- sowie insgesamt straftatbestandsmäßige Tat. Aus ihm ergibt sich andererseits jedoch auch nichts für das vorliegende Auslegungsproblem Entscheidendes, so daß die weiteren Kriterien der Gesetzesauslegung untersucht werden müssen.

II. Systematik des StGB

Es sind (außer § 11 Abs. 1 Nr. 5 StGB selbst sowie außer § 164 Abs. 1 StGB) 32 Paragraphen des StGB, in welchen der Begriff „rechtswidrige Tat" auftaucht: Für eine systematische Auslegung ist dementsprechend eine reichhaltige Grundlage vorhanden. Das systematische Auslegungskriterium versucht, den Inhalt eines Gesetzesbegriffs mit Hilfe seiner Bedeutung innerhalb anderer Rechtsvorschriften, nach Möglichkeit jedoch solcher desselben Regelungsbereichs, zu bestimmen.[195]

In §§ 26, 27 StGB etwa wird der Ausdruck „rechtswidrige Tat" zur Kennzeichnung der für Anstiftung und Beihilfe erforderlichen Haupttat verwendet. Anstiftung sowie Beihilfe sind nach allgemeiner Auffassung „limitiert akzessorisch", sie setzen also unstreitig nicht eine vollständig strafbare Haupttat voraus,[196] der Begriff der „rechtswidrigen Tat", so wie er in §§ 26,

---

[193] Diese Unterscheidung wird auch vom StGB vorausgesetzt, welches in § 17 Satz 1 die Begriffe „Unrecht" sowie – auf ersteren bezogen – „Schuld" nebeneinanderstellt.

[194] Zur dieser Arbeit zugrundeliegenden Straftatsystematik siehe *Langer*, Das Sonderverbrechen, S. 273 ff. Daß es außer dem Unrechtstatbestand (dem Tatbestand i. e. S.) auch einen Straftatbestand i. w. S. gibt, ist jedoch eine nicht nur vereinzelte, sondern die allgemeine Erkenntnis, siehe etwa *Wessels/Beulke*, Allgemeiner Teil, Rn. 117.

[195] *Larenz/Canaris*, Methodenlehre der Rechtswissenschaft, S. 145 f.

[196] Zu diesem unproblematischen Gesichtspunkt muß der Hinweis auf *Wes-*

27 StGB gebraucht wird, ist zu verstehen als unrechtstatbestandsmäßige Tat.[197] Der Begriff „rechtswidrige Tat“ taucht auch in einer Reihe von Vorschriften auf, welche anstelle der Auferlegung einer Strafe Rechtsfolgen auch für den Fall etwa der fehlenden Schuld des Täters anordnen (§§ 63 f., 66, 69 f., 73, 73 d, 74 f. StGB).[198] Naturgemäß ist auch in jenen Vorschriften der Tatbestand i. e. S., der Unrechtstatbestand, gemeint, der Tatbestand i. w. S., der Straftatbestand, wird vom Täter gerade nicht vollständig verwirklicht. Bei der Vorschrift des Besonderen Teils über den Vollrausch (§ 323 a StGB), welche ebenfalls den Ausdruck „rechtswidrige Tat“ enthält, wird es sich, da hier die Begehung der rechtswidrigen Tat im Zustand der Schuldunfähigkeit (§ 20 StGB) als Tatbestandsvoraussetzung ausdrücklich genannt ist, ebenso um die (allein) unrechtstatbestandsmäßige Tat handeln.

Beim entschuldigenden Notstand gem. § 35 StGB schließlich ist fraglich, wie das auch dort erscheinende Merkmal „rechtswidrige Tat“ zu verstehen ist: Man könnte sich auf den Standpunkt stellen, dort sei naturgemäß die auch schuldtatbestandsmäßige Tat vorausgesetzt,[199] da allein eine solche einer Entschuldigung überhaupt bedürfe. Jedoch ist die Frage, ob sich diese Notwendigkeit hier tatsächlich gerade aus dem Merkmal der „rechtswidrigen Tat“ ergibt.

Für den Verfasser sind insgesamt keine Bestimmungen des StGB ersichtlich, welche den Begriff „rechtswidrige Tat“ notwendig in seiner weiteren Deutungsmöglichkeit (als straftatbestandsmäßige Tat) verwenden. Zudem kann zwischen den einzelnen Gesetzesbestimmungen eine sachliche Übereinstimmung angenommen werden, und es ist daher die die Wahrung dieser Übereinstimmung ermöglichende Auslegung vorzugswürdig.[200] Dies

---

sels/Beulke, Allgemeiner Teil, Rn. 553, genügen.

[197] So auch *Langer*, ZfL 1999, 47, 50.

[198] An verschiedenen Stellen dieser Arbeit werden ebenjene Vorschriften in anderem Zusammenhang aufgeführt, siehe die Ausführungen im 7. Kapitel, S. 121.

[199] So *Langer*, ZfL 1999, 47, 50.

[200] *Larenz/Canaris*, Methodenlehre der Rechtswissenschaft, S. 146.

spricht dafür, den Begriff der „rechtswidrigen Tat" auch in § 11 Abs. 1 Nr. 5 StGB in der gleichen Weise, mithin als jede auch allein unrechtstatbestandsmäßige Tat, zu verstehen.

Zwingend ist dieser Schluß indessen nicht: Vielmehr ist sogar allgemein anerkannt, daß innerhalb des StGB der gleiche, an verschiedenen Gesetzesstellen verwendete Begriff jeweils in seinem Regelungskontext verschieden auszulegen sein kann.[201] Auch existiert für den Bereich des Grundgesetzes eine Rechtsprechung des BVerfG, welcher zufolge im Grundgesetz dieselben Begriffe je nach ihrem Zusammenhang in unterschiedlicher Weise ausgelegt werden müssen.[202]

Fazit dieses Unterabschnitts ist für den Verfasser jedoch, daß die Systematik des StGB ein bestimmtes Gesetzesverständnis des § 11 Abs. 1 Nr. 5 StGB nahelegt, und zwar ein solches, wonach der dort verwendete Begriff „rechtswidrige Tat" als unrechtstatbestandsmäßige Tat verstanden werden muß.

III. Gesetzgebungsgeschichte

Die Gesetzgebungsgeschichte des § 11 Abs. 1 Nr. 5 StGB und hierbei insbesondere der das historische Auslegungskriterium bildende Wille des Gesetzgebers ergeben immerhin einen Anhaltspunkt zur Auslegung des Gesetzesbegriffes der „rechtswidrigen Tat": Der Gesetzgeber war danach davon ausgegangen, § 11 Abs. 1 Nr. 5 StGB weise in Übereinstimmung mit der Terminologie des Nebenstrafrechts auf jede „rechtswidrige Tat ... die den Tatbestand eines Strafgesetzes verwirklicht" hin.[203] Die Nennung sowohl des Attributs „rechtswidrige" als auch der Wortfolge „die den Tatbe-

---

[201] So gerade für den Begriff der „rechtswidrigen Tat" *Langer*, ZfL 1999, 47, 50; vergleichbar *Gribbohm*, in: Leipziger Kommentar, § 11 Rn. 86, wonach § 11 Abs. 1 Nr. 5 StGB „für die Auslegung ... strafrechtlicher Kernbegriffe ... inhaltlich nichts zu entnehmen" sei, sowie *Lackner/Kühl*, StGB, § 11 Rn. 18, wonach der Begriffsinhalt „durch die Begriffsbestimmung nicht präjudiziert" wird.

[202] BVerfGE 6, 32, 38; *Jarass/Pieroth*, GG, Einl. Rn. 6.

[203] BT-Drucks. 7/550, S. 211.

stand eines Strafgesetzes verwirklicht" in dieser Formulierung bedeutet, daß danach mit Tatbestandsverwirklichung nicht mehr als die bloße Verwirklichung des Unrechtstatbestands gemeint sein kann; andernfalls wäre die Nennung des Attributs „rechtswidrige" überflüssig, da ohnehin nur rechtswidrige Taten den Straftatbestand (i. w. S.) einer Bestimmung verwirklichen können.

Zwar wurde letztlich den im Schrifttum geäußerten Bedenken gegen eine gesetzliche Festlegung Rechnung getragen.[204] Jedoch spricht der Wille des historischen Gesetzgebers, so wie er sich aus den im letzten Absatz getroffenen Feststellungen ergibt, gegen ein Verständnis des Begriffes „den Tatbestand eines Strafgesetzes erfüllende Tat" als *unrechts*tatbestandsmäßige Tat, sondern vielmehr für seine Interpretation als straftatbestandsmäßige Tat (als tatbestandsmäßige Tat i. w. S.).

IV. Sinn und Zweck des § 11 Abs. 1 Nr. 5 StGB

Sinn und Zweck der Strafgesetze ist grundsätzlich der Schutz bestimmter Rechtsgüter.[205] Bei § 11 StGB ist jedoch zu bedenken, daß diese Vorschrift zur Inhaltsbestimmung unterschiedlicher, im StGB an verschiedener Stelle gebrauchter Begriffe dient. Jedenfalls der Standpunkt des Verfassers ist es, daß § 11 StGB somit dem übergeordneten Ziel des Rechtsgüterschutzes durch die Inhaltsbestimmung der in der Vorschrift behandelten Begriffe dient.

Diesem „telos" jedoch dient § 11 StGB allein dann, wenn die in der Vorschrift angeführten Begriffe an jeder Fundstelle in der gleichen Weise, in der durch § 11 StGB vorgegebenen Weise, verstanden werden.[206] Daß dies für sämtliche in § 11 StGB abgehandelten Begriffe und für sämtliche Fund-

---

[204] BT-Drucks. 7/550, S. 211, unter Verweis auf die aus den Niederschriften (Protokollen) des Sonderausschusses in der 5. Wahlperiode, S. 237 f., 242 f., geäußerten Bedenken.

[205] So z. B. *Freund*, Allgemeiner Teil, § 1 Rn. 5 ff.; *Langer*, Schlüchter-Gedächtnisschrift, S. 361, 372; *Wessels/Beulke*, Allgemeiner Teil, Rn. 6.

[206] Ebenso wohl auch *Eser*, in: Schönke/Schröder, StGB, § 11 Rn. 43.

stellen dieser Begriffe innerhalb des StGB gilt, kann der Verfasser hier natürlich nicht nachweisen. Wie gezeigt, kann der Begriff „rechtswidrige Tat“ jedoch zumindest nicht einheitlich so ausgelegt werden, daß er i. S. d. vollständig straftatbestandsmäßigen Tat zu verstehen ist.[207] Einheitlichkeit kann *allein* erzielt werden, versteht man den Begriff „rechtswidrige Tat“ auch in § 35 Abs. 1 StGB (sowie zudem in § 164 Abs. 1 StGB) als Hinweis auf die (auf jede) unrechtstatbestandsmäßige Tat.[208]

Danach ist § 11 Abs. 1 Nr. 5 StGB also dahingehend auszulegen, daß er unter einer „rechtswidrigen Tat“ jede i. e. S. tatbestandsmäßige, also bereits jede auch allein unrechtstatbestandsmäßige Tat meint, unabhängig von der Erfüllung auch des Schuldtatbestandes sowie von ihrer Strafbarkeit. Die Beschreibung des Begriffs „rechtswidrige Tat“ in § 11 Abs. 1 Nr. 5 StGB als „nur eine solche, die den Tatbestand eines Strafgesetzes verwirklicht“, hat danach sowohl die Bedeutung, den Begriff der „rechtswidrigen Tat“ auf *straf*rechtswidrige Taten zu beschränken, als auch die Funktion, jede unrechtstatbestandsmäßige und nicht gerechtfertigte Tat unabhängig von der Schuld des Täters sowie von ihrer Verfolgbarkeit zu erfassen.[209] Mit anderen Worten präzisiert § 11 Abs. 1 Nr. 5 StGB den Begriff der „rechtswidrigen Tat“ damit doch allein in eine von zwei denkbaren Richtungen: Nur eine *straf*rechtswidrige Tat kann danach eine „rechtswidrige Tat“ i. S. d. StGB sein. Keine Aussage findet sich dagegen zu der – in der vorliegenden Arbeit behandelten – Frage, ob *jede* strafrechtswidrige Tat (namentlich auch die nicht schuldhaft verwirklichten oder allgemeiner: auch die nicht straf- und verfolgbaren Taten) eine „rechtswidrige Tat“ i. S. d. § 164 Abs. 1

---

[207] Siehe die Feststellungen weiter oben in diesem Kapitel in Unterabschn. II, insbesondere zu § 35 StGB.

[208] So auch die – allerdings auf die Entwurfsfassung 1962 bezogene – Feststellung *Gribbohms*, in: Leipziger Kommentar, § 11 Rn. 81 („den Sprachgebrauch im gesamten StGB ... vereinheitlichen und die Rechtsanwendung ... vereinfachen“), siehe auch die Gesetzesbegründung in BT-Drucks. 7/550, S. 211 („für alle Vorschriften des Strafgesetzbuchs“).

[209] So auch *Achenbach*, MDR 1975, 19, 20; *Gribbohm*, a. a. O., Rn. 85 f.; *Lackner/Kühl*, StGB, § 11 Rn. 18 i. V. m. Vor § 13 Rn. 15; *Eser*, in: Schönke/Schröder, StGB, § 11 Rn. 42; *Radtke*, in: Münchener Kommentar, § 11 Rn. 79 ff.

StGB ist. Somit kann auch § 11 Abs. 1 Nr. 5 StGB in bezug auf die Richtigkeit oder Falschheit einzelner Auffassungen zu § 164 Abs. 1 StGB im Ergebnis nichts besagen.

B. Unergiebigkeit der amtlichen Überschrift zu § 164 StGB

Die Überschrift zu § 164 StGB ist zwar, wie bereits erwähnt und im StGB auch allgemein der Fall, eine amtliche Überschrift. Auch einer solchen amtlichen Überschrift kommt jedoch keine die Auslegung dominierende Bedeutung zu: Zwar kann eine solche amtliche Überschrift, da Teil der jeweiligen Strafvorschrift, zur Auslegung einer Strafvorschrift mit herangezogen werden, und dies wird auch hier nicht bestritten. Allerdings wird oft bereits fraglich sein, auf welchen der in einer Bestimmung enthaltenen unterschiedlichen Straftatbestände sich die Überschrift zu einem Paragraphen beziehen soll, was deren Bedeutung für die Auslegung eines Tatbestandes entsprechend relativiert.

Unterstellt, die amtliche Überschrift zu einer Vorschrift des Strafgesetzbuchs würde deren Inhalt in irgendeinem Punkt widersprechen, so könnte zudem weder die gesamte Strafnorm wegen dieser Konfusion für ungültig gehalten noch bei der Auslegung entgegen dem sonstigen Gesetzeswortlaut auf die amtliche Überschrift abgestellt werden. Vielmehr könnte allein auf den Inhalt der entsprechenden Strafnorm (ohne deren amtliche Überschrift) Bezug genommen werden. Ein Beispiel für Vorstehendes soll die amtliche Überschrift zu § 145 StGB bieten, derzufolge es sich bei dieser Vorschrift um den „Mißbrauch von Notrufen und (die) Beeinträchtigung von Unfallverhütungs- und Nothilfemitteln" handelt. Nach § 145 Abs. 1 Nr. 2 StGB wird derjenige bestraft, welcher „vorsätzlich oder wissentlich vortäuscht, daß wegen eines Unglücksfalles ... die Hilfe anderer erforderlich sei". Diese Bestimmung stellt ersichtlich weder einen Mißbrauch von Notrufen noch eine Beeinträchtigung von Nothilfemitteln dar. Bei § 145 Abs. 1 Nr. 2 StGB dürfte nicht unter Berufung auf die Überschrift zu § 145 StGB z. B. verlangt werden, daß das Vortäuschen des Unglücksfalles mittels eines Hilferufes erfolge.[210]

---

[210] Zu diesem Tatbestand *Tröndle/Fischer*, StGB, § 145 Rn. 6.

Auch in dem – erdachten – Fall, daß der bloße Wortlaut einer Strafvorschrift ein bestimmtes Straftatmerkmal *nicht* enthält, welches jedoch in der amtlichen Überschrift zu derselben Vorschrift unzweideutig zum Ausdruck kommt, könnte dieses Merkmal – so jedenfalls der Ausgangspunkt der Überlegungen des Verfassers – nicht ohne weiteres als ein gesetzliches Merkmal dieser Vorschrift angesehen werden. Beispiel für eine solche Vorgehensweise ist der Fall des § 32 Abs. 2 StGB: Unter Berufung auf den ersten Absatz der Vorschrift werden verschiedene Einschränkungen des Notwehrrechts diskutiert, die jedenfalls dem unmittelbaren Wortlaut des § 32 Abs. 2 StGB nicht entnommen werden können.[211]

Unabhängig von der allgemeinen Bedeutung der amtlichen Überschrift zu einer Strafvorschrift muß im Fall des § 164 StGB berücksichtigt werden, daß die amtliche Überschrift zu der Bestimmung zwar von einer „*falschen* Verdächtigung" spricht, allerdings offenläßt, inwieweit die von dem Täter geäußerte Verdächtigung falsch sein muß. Daher verbleibt für die Gesetzesauslegung ein weiter Spielraum, und es kann wiederum – diese Argumentation findet sich bereits oben –[212] darauf verwiesen werden, daß auch die (in bezug auf die Rechtswidrigkeit) zutreffenden Verdächtigung mit einer rechtswidrigen Tat unter bloßem Verschweigen schuld- oder sonst strafbarkeitsrelevanter Tatumstände eine „falsche Verdächtigung" ist. Dies insoweit, als bei der Erstattung einer Strafanzeige unter Verschweigen solcher Umstände eine zumindest konkludente Behauptung anzunehmen ist, dem Anzeigenden sei das Vorliegen solcher Umstände nicht bekannt.[213] Sind dem Anzeigenden solche Umstände in Wahrheit jedoch bekannt, so handelt es sich zumindest insoweit um eine „*falsche* Verdächtigung", auch wenn eine rechtswidrige Tat des Verdächtigten tatsächlich vorliegt und *insoweit* nur eine wahrheitsgemäße Verdächtigung angenommen werden kann.

---

[211] Siehe zu diesen „sozialethischen Notwehrgrenzen" *Radtke,* JuS 1993, 577, 578; siehe zudem *Tröndle/Fischer*, StGB, § 32 Rn. 18 ff., mit zahlreichen, weiterführenden Nachweisen.

[212] Siehe oben S. 67 f.

[213] Vgl. dazu ausführlich das vorangegangene Kapitel.

C. Wortlautgebundene, systematische sowie historische Auslegung des § 164 Abs. 1 StGB

Nach der Unergiebigkeit der dargestellten besonderen Auslegungsgesichtspunkte kommt es für die Beantwortung der vorliegenden Streitfrage damit auf die allgemeinen Kriterien der Gesetzesauslegung an, welche in dieser Arbeit bereits an früherer Stelle aufgezählt worden sind.[214] Dabei ist zunächst zu fragen, ob der *Wortlaut* des § 164 Abs. 1 StGB[215] irgendwelche Anhaltspunkte dafür bietet, für die Erfüllung des Tatbestandsmerkmales der „rechtswidrigen Tat" das Bestehen der Gefahr der Einleitung eines Ermittlungsverfahrens gegen den Verdächtigten für erforderlich zu halten. Es ist bei dieser Frage auch zu beachten, daß § 164 Abs. 1 StGB ausdrücklich die Absicht des Täters verlangt, „ein behördliches Verfahren ... herbeizuführen".

An dieser Stelle soll nochmals darauf hingewiesen werden, daß es sich bei der Auffassung, § 164 Abs. 1 StGB greife – wofür es im reinen Gesetzeswortlaut auf den ersten Blick keinen Anknüpfungspunkt gibt – auch im Fall des bloßen Verschweigens von nicht unrechts-, sondern sonst schuld-, straf- oder verfolgbarkeitsrelevanten Umständen ein, nicht um eine Gesetzesanalogie handelt, sondern um eine bloße Auslegung der Vorschrift. Grenzlinie zwischen Gesetzesauslegung einerseits sowie Gesetzesanalogie andererseits ist der mögliche Wortsinn eines Gesetzes.[216] Wie bereits ermittelt,[217] hält sich die Interpretation des § 164 Abs. 1 StGB, die behauptete

---

[214] Siehe oben Kapitel 1 Abschn. C Unterabschn. II.

[215] Ebenfalls zum Bereich der wortlautorientierten Auslegung des § 164 Abs. 1 StGB zählt der bereits vorab untersuchte besondere Gesichtspunkt der in § 11 Abs. 1 Nr. 5 StGB enthaltenen Definition des Begriffes der „rechtswidrigen Tat".

[216] *Larenz/Canaris*, Methodenlehre der Rechtswissenschaft, S. 187. Dort wird auch gesagt, eine Analogie stelle die „Fortsetzung der Auslegung" dar, Analogie und Auslegung dürften deshalb nicht als „wesensverschieden" angesehen werden. Aus diesem Grund ist die richtige Einordnung eines ungeschriebenen Tatbestandsmerkmals nicht leicht.

[217] Siehe insbesondere oben Fußn. 62 sowie 63. Dort handelte es sich zwar um den Streit zwischen Beschuldigungs- sowie Behauptungslehre und damit um ein anderes Problem. Jedoch stimmt die dortige Argumentation („Eine Verdächtigung kann auch

rechtswidrige Tat müsse in jedem Fall auch die Gefahr der Einleitung eines Strafverfahrens mit sich bringen, im Rahmen des möglichen Wortsinns des Gesetzeswortlauts. Im Gesetz heißt es gerade *nicht,* die Behauptung einer „rechtswidrigen Tat" sei in jedem Fall, also auch dann, wenn die Gefahr der Durchführung von Ermittlungen nicht besteht, für § 164 Abs. 1 StGB ausreichend. Ebensowenig ist davon die Rede, die behaupteten Tatsachen dürften nicht zutreffen; dieses Erfordernis läßt sich vielmehr erst aus dem erforderlichen Täterhandeln „wider besseres Wissen" erschließen.[218] Dieses Erfordernis wiederum bedeutet allerdings nicht zwingend, daß der Täter sichere Kenntnis davon haben muß, daß die von ihm behaupteten Tatsachen unzutreffend sind, sondern allein davon, daß irgendein von ihm (zumindest konkludent) geschilderter Umstand nicht der Wahrheit entspricht. Eine Auslegung des § 164 Abs. 1 StGB, wonach die Vorschrift bzw. der im Gesetz durch das Tatbestandsmerkmal „rechtswidrige Tat" verkörperte *Gegenstand der falschen Verdächtigung* auch die Gefahr der Einleitung eines Strafverfahrens gegen den Verdächtigten voraussetzt, solange der Täter zumindest irgendwelche Tatumstände verschweigt, hält sich demzufolge noch im Rahmen (grundsätzlich zulässiger) Auslegung des Gesetzes und stellt keine (unzulässige) Analogie zu Lasten des Täters dar.

Es ist festzuhalten, daß sich das Merkmal der Gefahr der Einleitung eines Strafverfahrens gegen den Verdächtigten im Gesetzeswortlaut des § 164 Abs. 1 StGB nicht findet. Dies ist zwar kein zwingender Einwand gegen die Existenz eines solchen Merkmals, spricht aber doch gegen sie. Dieses Ergebnis wird noch dadurch unterstützt, daß nach dem Wortlaut des § 164 Abs. 1 StGB gerade nur die Absicht des Täters zur Herbeiführung eines Verfahrens erforderlich ist. Auch insoweit völlig ungefährliche Verhaltensweisen können also dem Wortlaut des § 164 Abs. 1 StGB unterfallen.

Die *systematische* Auslegung des § 164 Abs. 1 StGB ist, was das Merkmal der „rechtswidrigen Tat" in § 164 Abs. 1 StGB angeht, unergiebig. Hier darf nicht etwa auf die verschiedenen weiteren Vorschriften abgestellt werden, welche das Merkmal „rechtswidrige Tat" ebenfalls enthalten, da diese

---

bei der Behauptung zutreffender Tatsachen falsch sein.") mit der nunmehrigen überein.

[218] Oben Kapitel 3 Abschn. C Unterabschn. III.

Vorschriften durch die gesondert untersuchte Begriffsbestimmung in § 11 Abs. 1 Nr. 5 StGB verklammert werden und allein auf dem Weg über diese Begriffsbestimmung auch auf § 164 Abs. 1 StGB ausstrahlen können.[219] Im Rahmen der systematischen Einordnung der Vorschrift könnte allein der benachbarte § 164 Abs. 2 StGB aufschlußreich sein. Gerade das Merkmal der „rechtswidrigen Tat“ in § 164 Abs. 1 StGB wird jedoch im zweiten Absatz der Vorschrift nicht aufgegriffen. Dieser spricht vielmehr gerade vom Aufstellen „sonstiger“ tatsächlicher Behauptungen, also aller gerade nicht eine rechtswidrige Tat betreffenden Tatsachenbehauptungen.

Historisch gesehen ist festzustellen, daß sich zu dem (erst mit der Neufassung der Vorschrift zum 1.1.1975 entstandenen) Problem der Auslegung des Gesetzesbegriffes der „rechtswidrigen Tat“ keine Orientierungshilfe in den Gesetzgebungsmaterialien[220] findet.

D. Beschränkung der Auslegungsbemühungen im Hinblick auf Sinn und Zweck des § 164 Abs. 1 StGB

Nachdem nunmehr sowohl die wortlautgebunde als auch die systematische sowie die historische Auslegung des § 164 Abs. 1 StGB keine Antwort auf die Frage gebracht haben, wie der Begriff der „rechtswidrigen Tat“ in dieser Vorschrift auszulegen ist, kommt es entscheidend auf die teleologische Auslegung der Bestimmung an. Teleologische Auslegung ist – wie bereits an früherer Stelle erwähnt – diejenige Auslegung, welche auf das *telos* einer Vorschrift abstellt, also auf ihr Ziel sowie ihren Sinn und Zweck.[221]

Eine solche teleologische Auslegung des § 164 Abs. 1 StGB (und hierbei insbesondere die Frage, ob nur solche Verdächtigungen von dieser Bestimmung erfaßt sein sollen, welche die Gefahr der Einleitung von Ermitt-

---

[219] Zur Untersuchung des § 11 Abs. 1 Nr. 5 StGB siehe oben Abschn. A sowie zu anderen Vorschriften mit dem Gesetzesmerkmal „rechtswidrige Tat“ insbesondere dort Unterabschn. II.

[220] Siehe vor allem BR-Drucks. 1/72, S. 221 f.; BT-Drucks. 7/550, S. 232.

[221] Vgl. oben im 2. Kapitel Fußn. 154.

lungen gegen den Verdächtigten bergen) ist jedoch zunächst ausgeschlossen. Sie würde voraussetzen, daß Sinn und Zweck der Vorschrift geklärt sind; dies ist allerdings gerade nicht der Fall: Sinn und Zweck von Strafvorschriften ist der Schutz strafrechtlicher Rechtsgüter;[222] im Fall des § 164 StGB ist die Frage jedoch nicht leicht zu beantworten, welches Rechtsgut von dieser Vorschrift geschützt wird[223].

Zwar ist das in dieser Arbeit interessierende Problem primär ein Problem der Auslegung des § 164 Abs. 1 StGB zur Untersuchung der in dieser Vorschrift vertatbestandlichten Art der Verletzung des von der Vorschrift geschützten Rechtsguts. Jedoch ist die in § 164 Abs. 1 StGB vertatbestandlichte Verletzungsart gerade fraglich, und die Ermittlung des geschützten Rechtsguts selbst mindestens eine Hilfe bei der Auslegung der Bestimmung.

Bevor eine teleologische Auslegung des § 164 Abs. 1 StGB erfolgreich vorgenommen werden kann, muß also der Meinungsstreit zwischen den drei zum Rechtsgut des § 164 StGB existierenden Auffassungen dargestellt und nach Möglichkeit entschieden werden.[224] Dies war gemeint, wenn in der Überschrift dieses Abschnitts von bestehenden Beschränkungen der bisherigen Auslegungsbemühungen die Rede war.

---

[222] Siehe bereits oben in der Einleitung S. 20.

[223] Vgl. bereits die Aufstellung unterschiedlicher Theorien in der Einleitung auf S. 1 1 f. sowie ausführlich das folgende Kapitel.

[224] Dazu ausführlich das folgende 6. Kapitel.

Kapitel 6:
Das von § 164 StGB geschützte Rechtsgut

Wie bereits in der Einleitung[225] bemerkt, wird die Frage, welches das von § 164 StGB geschützte Rechtsgut ist, zwischen den Verfechtern (1.) der Individualgutslehre, (2.) der Rechtspflegetheorie sowie (3.) der Alternativitätsauffassung kontrovers diskutiert.[226] Diesem Problem soll in diesem Kapitel auf den Grund gegangen werden.

Die Notwendigkeit für die Befassung mit dieser Streitfrage ergibt sich – nur kurz angedeutet – daraus, daß es nach dem in den vorangegangenen Kapiteln Festgestellten auf das *telos*, auf das Ziel und den Zweck der Vorschrift des § 164 Abs. 1 StGB ankommt, möchte man den Inhalt des Begriffes der „rechtswidrigen Tat" in § 164 Abs. 1 StGB und damit den Gegenstand der falschen Verdächtigung bestimmen.[227]

---

[225] Dort S. 11 f.

[226] Es existiert laut mancher Stellungnahmen auch noch eine vierte Auffassung, die Kumulationstheorie, derzufolge (insoweit wie bei der Alternativitätsauffassung) sowohl die Rechtspflege als auch das Individualinteresse an Freiheit vor staatlicher Verfolgung von § 164 StGB geschützt werden, und zwar (und insoweit anders als bei der Alternativitätslehre) kumulativ in dem Sinne, daß für die Strafbarkeit einer falschen Verdächtigung jeweils beide Rechtsgüter verletzt sein müssen. Diese Theorie, für welche stets eine Fundstelle aus den 1920er Jahren (*Franks* StGB-Kommentar in der 17. Aufl.) bemüht wird, wird aktuell aus gutem Grund nicht mehr vertreten und soll von daher in der vorliegenden Darstellung nicht gesondert diskutiert werden. – *Arzt/Weber* verwenden in ihrer Darstellung zwar den Ausdruck „Kumulation"; dabei handelt es sich jedoch um ein rein terminologisches Problem, vertreten *Arzt/Weber* (Besonderer Teil, § 48 Rn. 1) inhaltlich doch ohne Zweifel die zahlenmäßig überwiegende Alternativitätstheorie (Übereinstimmend werden die Ausführungen *Arzt/Webers* beurteilt von *Deutscher*, Grundfragen der falschen Straftatverdächtigung [§ 164 Abs. 1 StGB], S. 9.).

[227] Siehe dazu bereits oben 5. Kap., S. 98.

A. Deliktsübergreifende Bestimmungen des Rechtsgutsbegriffs

Es kommt damit auf die *teleologische*, also die an Sinn und Zweck des § 164 Abs. 1 StGB orientierte Auslegung der Vorschrift an. Die ausschließliche Anwendung des § 164 Abs. 1 StGB im Fall der Strafbarkeit der angeblichen Tat des Verdächtigten wird oftmals gerade mit der Begründung befürwortet, Sinn und Zweck der Vorschrift erforderten die darin ausgedrückte Gefahr einer Strafverfolgung des Verdächtigungsopfers.[228]

Insbesondere wenn bei der Bestimmung des von einer Vorschrift geschützten Rechtsguts – wie hier – mit individueller Freiheit des Betroffenen sowie der Rechtspflege zwei grundlegend verschiedene Schutzgüter in Betracht kommen und damit auch zwei völlig verschiedene Schutzrichtungen der Vorschrift, hat dies einen beachtlichen Einfluß auf den Gang der teleologischen Auslegung und auch auf ihr Ergebnis.

Die Bestimmung des Schutzgutes von § 164 StGB ist zunächst dadurch erschwert, daß der Rechtsgutsbegriff selbst noch nicht völlig geklärt ist: Ein Rechtsgut ist – so viel steht fest – nicht das konkret betroffene Tatobjekt (welches bei § 164 StGB ebenfalls nicht sogleich klar ist), sondern stets ein allein ideeller Wert.[229]

Nach verbreiteter Definition ist ein strafrechtliches Rechtsgut eine positiv bewertete soziale Funktionseinheit, deren Bestand als dermaßen systemnotwendig angesehen wird, daß ihr Schutz gegen bestimmte Eingriffe durch deren Kennzeichnung als unwerthaft sowie durch deren Sanktionierung für erforderlich gehalten wird.[230] Bei dem Versuch der Umschreibung

---

[228] Vgl. die Fundstellen im 2. Kapitel, Fußn. 115 sowie 116, jedenfalls soweit die dort zitierten Autoren ihren Standpunkt begründen.

[229] Etwa *Schmidhäuser*, Allgemeiner Teil, Rn. 2/30; *Wessels/Beulke*, Allgemeiner Teil, Rn. 8.

[230] *Weigend*, ZStW 98 (1986), 44, 51; ebenfalls unter Verwendung des Begriffs der „sozialen Funktionseinheit" *Otto*, Rechtsgutsbegriff und Deliktstatbestand, in: Müller-Dietz (Hrsg.), Strafrechtsdogmatik und Kriminalpolitik, S. 1, 8; *Jescheck/Weigend*, All-

des strafrechtlichen Rechtsgutsbegriffs wird außerdem verbreitet auf die den Rechtsgütern immanente Möglichkeit personaler Selbstverwirklichung und freier Entfaltung der Persönlichkeit abgestellt,[231] teilweise auch im Sinne der Gleichsetzung des Rechtsguts sowie der Verfügungsbefugnis über dieses Rechtsgut[232].

Diese definitorischen Bemühungen sind im Fall des § 164 StGB nicht allzu hilfreich, da es sich bei der falschen Verdächtigung zumindest nach einer Auffassung um ein nicht individuelle Interessen, sondern vielmehr ausschließlich Gemeinschaftsinteressen verletzendes Delikt handelt. Ein wesentlicher Teil der oben wiedergegebenen Definitionsansätze beinhaltet mit dem Hinweis auf die personale Selbstverwirklichung jedoch eine vorwiegend auf Individualschutzdelikte passende Komponente.

Als auch hier potentiell verwertbares Element des Rechtsgutsbegriffs bleibt allein die Schutzwürdigkeit von Rechtsgütern übrig; auch diese kann jedoch, da die Bejahung oder Verneinung der Schutzwürdigkeit bestimmter Interessen eine reine und nicht nachprüfbare Wertung darstellt, hier nicht das entscheidende Kriterium sein: Im Fall des § 164 StGB sind sowohl die Feststellung, gerade der Schutz des Individualinteresses an Freiheit vor staatlicher Verfolgung sei besonders schutzwürdig, als auch die Feststellung, die staatliche Rechtspflege sei eher schutzwürdig, nicht nachzuweisen. Zudem können weder die eine noch die andere Feststellung widerlegt werden. Damit ergibt sich aus dem Begriff eines strafrechtlichen Rechtsgutes nichts für die Frage nach dem Schutzgut des § 164 StGB Wesentliches.

---

gemeiner Teil, S. 257 f.; ähnlich *Langer*, Das Sonderverbrechen, S. 287; *Roxin*, Allgemeiner Teil I, § 2 Rn. 9; ders., JuS 1966, 377, 381; *Welzel*, Das Deutsche Strafrecht, S. 4.

231 *Otto*, a. a. O., S. 1, 6; *Roxin*, Allgemeiner Teil I, § 2 Rn. 9; § 13 Rn. 12.

232 *Roxin*, a. a. O., § 13 Rn. 14; ähnlich *Otto*, a. a. O., S. 1, 4.

B. Darstellung der Individualgutslehre, der Rechtspflegetheorie sowie der Alternativitätsauffassung

Das Schutzgut des § 164 StGB ist zwischen drei konkurrierenden Auffassungen streitig, die im folgenden verglichen werden. Bereits vorab soll darauf hingewiesen werden, daß dieser Streit nicht etwa bereits deswegen obsolet ist, weil ersichtlich sowohl die Rechtspflege als auch die individuellen Interessen des Verdächtigten durch eine falsche Verdächtigung betroffen werden. Dies wird von den Vertretern der Rechtspflegetheorie sowie der Individualgutslehre mittels der Rechtsfigur des bloßen sog. Rechtsreflexes erklärt; so sind der Rechtspflegetheorie zufolge die Individualinteressen des Verdächtigungsopfers allein reflexhaft betroffen, stellen jedoch kein eigenständiges Schutzgut des § 164 StGB dar,[233] wohingegen nach der Individualgutslehre das Betroffensein auch der Rechtspflege nur einen Rechtsreflex darstellt[234]. Mit dieser Erklärung sind sowohl die Rechtspflegetheorie als auch die Individualgutslehre schlüssig.

I. Rechtspflegetheorie

Die Vertreter der Rechtspflegetheorie erkennen allein die deutsche staatliche Strafrechtspflege als durch § 164 StGB geschütztes Rechtsgut an[235] und argumentieren dagegen, wie die Individualgutslehre sowie die Alternativitätstheorie (auch) den Schutz individueller Interessen für das (ein) Schutzgut des § 164 StGB zu halten. Das andernorts zum Schutzgut erhobene „Individualinteresse an Freiheit von staatlicher Verfolgung“ stelle eine blo-

---

[233] Siehe *Langer*, Die falsche Verdächtigung, S. 47 f. Ebenso ders., Schlüchter-Gedächtnisschrift, S. 364 mit Fußn. 16.

[234] *Hirsch*, Schröder-Gedächtnisschrift, S. 307, 321 f.

[235] *Deutscher*, Grundfragen der falschen Straftatverdächtigung (§ 164 Abs. 1 StGB), S. 10 ff., 31 f.; *Langer*, Die falsche Verdächtigung, S. 64 f.; ders., GA 1987, 289, 295 f.; ders., Schlüchter-Gedächtnisschrift, S. 361, 366; *Maurach/Schroeder/Maiwald*, Besonderer Teil 2, § 99 Rn. 5: „Mit Recht im Vordringen ist ... die Auffassung, die § 164 nur als Delikt gegen die Rechtspflege ansieht“; *Otto*, Besonderer Teil, § 95 Rn. 1; *Rudolphi/Rogall*, in: Systematischer Kommentar, 7. Aufl., § 164 Rn. 1.

ße Negation der tatbestandlichen Verletzungsart des § 164 StGB dar, die Formulierung benenne jedoch keinesfalls ein zu schützendes Individualgut.[236] Der Tatbestand des § 164 StGB zeichne sich gerade dadurch aus, daß die Gefährdung von Individualinteressen *stets* auf dem Weg über die staatliche Behördenorganisation stattfinde.[237] Der im Vergleich zu §§ 185 ff., 223, 239 sowie 240 StGB relativ hohe Strafrahmen des § 164 StGB spreche gegen die Annahme eines Individualschutzes der Vorschrift.[238] Dabei werde die Rechtspflege in den Fällen einer Einwilligung des Verdächtigten sogar in erhöhter Weise gefährdet.[239] Zudem spreche auch die Subsidiaritätsklausel in § 145 d StGB dafür, die Rechtspflege sei das Schutzgut auch des § 164 StGB.[240] Gegen die Alternativitätslehre wird zudem dogmatisch argumentiert, die behauptete Alternativität der Schutzzwecke müsse stets bereits im Gesetzeswortlaut angelegt sein, etwa durch Verwendung der Konjunktion „oder".[241] Daneben wird argumentiert, Fernziel der in § 164 StGB vertatbestandlichten Schutzkonzeption sei gerade die Autorität sowie die Funktionsfähigkeit der Strafverfolgungsbehörden.[242]

---

[236] *Deutscher*, Grundfragen der falschen Straftatverdächtigung (§ 164 Abs. 1 StGB), S. 16 f.: „amorphe Ansammlung von Individualinteressen"; *Langer*, Die falsche Verdächtigung, S. 60 f.

[237] *Deutscher*, Grundfragen der falschen Straftatverdächtigung (§ 164 Abs. 1 StGB), S. 16; *Langer*, a. a. O., S. 49; *Rudolphi/Rogall*, in: Systematischer Kommentar, 7. Aufl., § 164 Rn. 2.

[238] *Deutscher*, Grundfragen der falschen Straftatverdächtigung (§ 164 Abs. 1 StGB), S. 17; *Langer*, a. a. O., S. 55.

[239] *Langer*, a. a. O., S. 55, 56 f.; *Maurach/Schroeder/Maiwald*, Besonderer Teil 2, § 99 Rn. 6.

[240] *Deutscher*, Grundfragen der falschen Straftatverdächtigung (§ 164 Abs. 1 StGB), S. 27; *Langer*, a. a. O., S. 49 f.

[241] *Deutscher*, Grundfragen der falschen Straftatverdächtigung (§ 164 Abs. 1 StGB), S. 11 f.; *Langer*, a. a. O., S. 39 f. Ähnlich *Rudolphi/Rogall*, denen zufolge die Lehre von der Alternativität der Schutzzwecke § 164 StGB nicht mehr als einen einheitlichen „Unwerttypus" betrachtet (*Rudolphi/Rogall*, in: Systematischer Kommentar, 7. Aufl., § 164 Rn. 2).

[242] *Deutscher*, Grundfragen der falschen Straftatverdächtigung (§ 164 Abs. 1 StGB), S. 25.

II. Individualgutslehre

Die von anderen Autoren vertretene Individualgutslehre besagt dagegen, ausschließlich das individuelle Interesse des von der falschen Verdächtigung Betroffenen an Freiheit von behördlicher Verfolgung sei Schutzgut des § 164 StGB.[243] Die Vertreter dieser Theorie argumentieren wie folgt:

Hirsch führt in seinem Beitrag in der Schröder-Gedächtnisschrift an, die durch § 165 StGB geschaffene Bekanntgabemöglichkeit zeige, daß die falsche Verdächtigung eindeutig auf die (Individual-)Interessen des Verdächtigten ausgerichtet sei.[244] Es bestehe auch in den Fällen einer falschen Verdächtigung gegenüber ausländischen Behörden ein dem § 164 StGB entsprechendes Strafbedürfnis.[245] § 164 StGB werde bei einem der Rechtspflegetheorie entsprechenden Verständnis in bezug auf seinen zentralen Bereich neben § 145 d StGB überflüssig.[246] Auch spreche der traditionelle Charakter des Delikts – rechtshistorisch – für die Individualgutstheorie.[247] Gegen das zentrale dogmatische Argument der Gegner seiner Auffassung, das zum Schutzgut des § 164 StGB erhobene Individualinteresse könne wegen seiner Unbestimmtheit keinesfalls ein durch § 164 StGB zu schützendes Individualgut darstellen, führt *Hirsch* an, der durch eine falsche Verdächtigung bedrohte private Interessenbereich sei komplexer Natur und dies in einer Weise, daß sich für ihn naturgemäß keine dem Begriff eines

---

243 *Bottke*, JA 1980, 93, 98; *Hirsch*, Schröder-Gedächtnisschrift, S. 307, 310 ff.; ders., ZStW 89 (1977), 930, 940; *Schmidhäuser*, Besonderer Teil, Rn. 6/6; *Schneider*, Grund und Grenzen des strafrechtlichen Selbstbegünstigungsprinzips, S. 316 ff.; *Vormbaum*, Der strafrechtliche Schutz des Strafurteils, S. 449 ff.; ders., in: Nomos-Kommentar, § 164 Rn. 10

244 *Hirsch*, Schröder-Gedächtnisschrift, S. 307, 313. Ebenso – allerdings vorbehaltlich einer engeren Auslegung des § 165 StGB – bereits ders., ZStW 89 (1977), 930, 935 f.

245 *Hirsch*, Schröder-Gedächtnisschrift, S. 307, 316.

246 *Hirsch*, a. a. O., S. 319; ders., ZStW 89 (1977), 930, 940.

247 *Hirsch*, Schröder-Gedächtnisschrift, S. 307, 323.

Einzelrechtsguts entsprechende Kurzbezeichnung geben lasse.[248] *Vormbaum* konstatiert in seinen Veröffentlichungen vorab, § 164 StGB liege „im Grenzbereich zwischen Individualschutz und Schutz staatlicher Institutionen".[249] Für einen individualschützenden sowie gegen einen rechtspflegeschützenden Charakter der Vorschrift argumentiert *Vormbaum* dann mit dem Hinweis auf § 164 Abs. 2 StGB, welcher zeige, daß der Anwendungsbereich des § 164 StGB insgesamt nicht auf die Rechtspflege beschränkt sei, sondern vielmehr gerade diejenigen Bereiche der staatlichen Behördentätigkeit umfasse, in welchen eine irregeführte staatliche Stelle dem Einzelnen schaden kann.[250] Zudem spreche für die Individualschutzauffassung die Erwägung, das durch eine Denunziation ausgelöste, doch gleichwohl regelmäßig rechtmäßige staatliche Vorgehen zwinge den Betroffenen dazu, sich den Belastungen des betreffenden Verfahrens zu unterwerfen, und dieser über die schlichte Beeinträchtigung einzelner betroffener Individualgüter hinausgehende Zwang rechtfertige eine eigene Strafvorschrift.[251]

Schneider stützt sich zur Begründung der von ihm vertretenen Individualgutslehre zunächst auf das Verhältnis der §§ 164 sowie 145 d StGB und dabei insbesondere darauf, daß allein der Individualschutzgedanke den Sprung der Sanktionsdrohung von bis zu drei Jahren bei § 145 d StGB auf bis zu fünf Jahre bei § 164 StGB zu erklären vermöge.[252] Die unter Zugrundelegung der Rechtspflegetheorie als Begründung für diese Erhöhung der Strafdrohung einzig vorstellbare schwerwiegendere Beeinträchtigung der Behördentätigkeit durch die Verdächtigung einer anderen Person

---

248 *Hirsch*, a. a. O., S. 314; diesen Punkt bereits andeutend ders., ZStW 89 (1977), 930, 935.

249 *Vormbaum*, Der strafrechtliche Schutz des Strafurteils, S. 449, sowie ders., in: Nomos-Kommentar, § 164 Rn. 9.

250 *Vormbaum*, Der strafrechtliche Schutz des Strafurteils, S. 457 f., sowie ders., in: Nomos-Kommentar, § 164 Rn. 10.

251 *Vormbaum*, Der strafrechtliche Schutz des Strafurteils, S. 458 f., sowie ders., in: Nomos-Kommentar, § 164 Rn. 10.

252 *Schneider*, Grund und Grenzen des strafrechtlichen Selbstbegünstigungsprinzips, S. 316 ff.

liege jedenfalls in den Fällen einer Einwilligung des Bezichtigten nicht vor.[253]

III. Alternativitätsauffassung

Die zahlenmäßig weit überwiegende Literaturmeinung, insbesondere der Kommentarliteratur, ist die Alternativitätslehre;[254] sie folgt der Rechtsprechung des BGH, derzufolge sowohl das Gemeinschaftsrechtsgut der deutschen Strafrechtspflege als auch das individuelle Interesse des Opfers an der Freiheit von behördlichen Verfahren Schutzgüter des § 164 StGB sind[255]. Eine solche zweispurige Deutung der Schutzrichtung des § 164 StGB bedeutet, daß der Tatbestand des § 164 StGB schon dann verwirklicht sein kann, wenn nur einer der behaupteten und zuvor unter I bzw. II genannten Schutzzwecke verletzt ist. Eine wichtige (und bereits in der Einleitung dieser Arbeit festgestellte) Folgerung dieser Auffassung ist es, daß einerseits auch das Vorliegen einer Einwilligung des Betroffenen die Rechtswidrigkeit der Tat nicht etwa hindert,[256] daß jedoch andererseits auch gegenüber ausländischen Behörden vorgenommene falsche Verdächtigungen – wegen der verbleibenden Beeinträchtigung des Individualinteresses des Verdächtigten – tatbestandsmäßig sind[257]. Diese Rechtsprechung

---

[253] *Schneider*, a. a. O., S. 318 f.

[254] Zu den entsprechenden Fundstellen siehe die umfassenden Nachweise in der Einleitung in Fußn. 4.

[255] BGHSt 5, 66, 68; BGHSt 9, 240, 242; ebenso OLG Düsseldorf, NJW 1962, 1263, 1263 f., sowie OLG Karlsruhe, Die Justiz 1974, 343, 344.

[256] BGHSt 5, 66, 68, zu diesem Ergebnis gelangt allerdings auch die Rechtspflegetheorie.

[257] Daß in jedem Fall allein deutsche Strafverfolgungsbehörden im Schutzbereich des § 164 StGB liegen, wird ganz überwiegend vertreten und kann hier nicht hinterfragt werden, vgl. dazu bereits die Einleitung oben S. 12. Zu verstehen ist diese Einschränkung dann, wenn man bedenkt, daß sicherlich nicht sämtliche ausländischen Rechtsordnungen als gleichermaßen rechtsstaatlich und damit als in gleicher Weise schützenswert angesehen werden können wie die deutsche (weitere Argumente bei *Deutscher*, Grundfragen der falschen Straftatverdächtigung [§ 164 Abs. 1 StGB], S. 28 ff.). Daß gerade bei Rechtsgütern in öffentlicher Trägerschaft ausländische Interessen nicht geschützt werden, ist innerhalb des StGB eine weit verbreitete Erscheinung, siehe

wurde vom BGH in den zitierten Entscheidungen sehr früh begründet und – soweit ersichtlich – bis heute beibehalten.[258]

Die Alternativitätslehre wurde durch eine Abhandlung *Schröders* begründet, welche sich jedoch allein auf das ergebnisorientierte Argument stützt, nur durch eine Alternativität der (beiden potentiellen) Schutzzwecke des § 164 StGB könnten sowohl Verdächtigungen gegenüber ausländischen Behörden als auch solche Verdächtigungen erfaßt werden, die mit Einwilligung des Verdächtigten erfolgten.[259]

Weitere Argumente zur Stützung ihrer Auffassung sind von Vertretern der Alternativitätslehre bislang, soweit ersichtlich, nicht vorgetragen worden.[260] So argumentiert z. B. *Geilen* in seinem Aufsatz wiederum allein damit, nur die Alternativität der Schutzzwecke bei § 164 StGB schaffe einen „wirklich flexiblen, den Anwendungsbereich nach beiden Seiten offenhaltenden Spielraum des Tatbestands".[261] Insbesondere fehlt eine Auseinandersetzung mit dem Vorbringen der Gegenauffassungen, eine Alternativität der Schutzzwecke des § 164 Abs. 1 StGB müsse – durch Verwendung der Konjunktion „oder" – bereits im Gesetzeswortlaut angelegt sein.[262]

Lackner/Kühl, StGB, Vor §§ 3-7 Rn. 9. – Im übrigen war diese Frage vor allem in einer Zeit von praktischer Relevanz, als Rechtspflegeaufgaben in Deutschland weitgehend von Besatzungsbehörden erfüllt wurden, vgl. dazu *Langer*, Die falsche Verdächtigung, S. 32. Im Zuge der europäischen Einigung liegt nunmehr die Einbeziehung zumindest mancher ausländischer Behörden in den Schutzbereich nahe.

[258] *Langer* führt in seinem Beitrag zur Schlüchter-Gedächtnisschrift allerdings aus, mit seiner Leitentscheidung zum Streit zwischen Beschuldigungs- sowie Behauptungstheorie habe sich der BGH auch von der Alternativitätsauffassung stillschweigend distanziert (*Langer*, Schlüchter-Gedächtnisschrift, S. 361, 363 f.).

[259] *Schröder*, NJW 1965, 1888, 1890.

[260] So auch *Langer*, Schlüchter-Gedächtnisschrift, S. 361, 363.

[261] *Geilen*, Jura 1984, 251. Ebenso *Lenckner*, in: Schönke/Schröder, StGB, § 164 Rn. 1; *Ruß*, in: Leipziger Kommentar, 11. Aufl., § 164 Rn. 2.

[262] *Langer*, Die falsche Verdächtigung, S. 39 f.

C. Begründung der eigenen Ansicht

I. Auseinandersetzung mit der Alternativitätsauffassung

1. Bereits formal bedenkliche Rechtsgutsverdoppelung

Da die Alternativitätsauffassung zugleich das individuelle Interesse des von der Verdächtigung Betroffenen und auch die staatliche Rechtspflege als Schutzgüter des § 164 Abs. 1 StGB ansieht, können alle auftretenden Problemfälle einer scheinbar zutreffenden Lösung zugeführt werden: Bereits in der Einleitung war darauf hingewiesen worden, daß bei Vorliegen einer Einwilligung des Verdächtigungsopfers zwar eine Individualrechtsbeeinträchtigung *nicht* vorliegen kann, es dagegen bei der Beeinträchtigung der Rechtspflege in jedem Fall verbleibt.[263] Ebenfalls scheinbar problemlos bewältigt die Alternativitätsauffassung den Fall einer Verdächtigung vor einer ausländischen Verfolgungsbehörde, obgleich ausländische Rechtspflegeorgane wohl nicht vom Schutzbereich des § 164 Abs. 1 StGB umfaßt werden[264] und die entsprechende Rechtsgutsverletzung dementsprechend nicht gegeben ist.

Diese größere Flexibilität des § 164 Abs. 1 StGB nach dem Verständnis der Alternativitätsauffassung ist jedoch nicht das Ergebnis einer dogmatisch begründeten Konstruktion, sondern war gerade das Motiv des BGH bei der Entwicklung seiner Auffassung: Der BGH wollte auf diese Weise in ganz verschieden gelagerten Situationen zu dem aus seiner Sicht zutreffenden übereinstimmenden Ergebnis gelangen können. Daß diese höhere Flexibilität in der Anwendung des § 164 Abs. 1 StGB nicht frei von Widersprüchen zu haben ist, wurde bereits andernorts aufgewiesen;[265] dem ist von Seiten des Verfassers nichts hinzuzufügen.

---

[263] Siehe insbesondere die Nachweise in Fußn. 4.

[264] Siehe die Nachweise in Fußn. 4 und die Ausführungen oben in Fußn. 257.

[265] *Langer*, Die falsche Verdächtigung, S. 36 ff.

Festgehalten werden muß jedoch, daß die Alternativitätsauffassung bereits deshalb Bedenken begegnet, weil sie sich keineswegs auf ein strafrechtsdogmatisches Fundament gründen kann; weder der BGH[266] noch die ihm in der Mehrzahl folgende Kommentarliteratur[267] geben eine nähere Begründung dafür an, warum im Fall des § 164 Abs. 1 StGB zwei völlig verschiedene Schutzzwecke nebeneinanderstehen sollen.

2. Konflikt der Alternativitätsauffassung mit Schuldgrundsatz bzw. Gleichheitssatz

Inhaltlich ist der Alternativitätslehre vorzuhalten, daß die Verfassung gegen eine Alternativität der beiden potentiellen Schutzgüter des § 164 Abs. 1 StGB spricht: Art. 3 Abs. 1 GG beinhaltet bekanntermaßen den Gleichheitsgrundsatz und gebietet dem Gesetzgeber (auch dem Strafgesetzgeber), wesentlich gleiche Sachverhalte auch gleich zu regeln; umgekehrt muß er wesentlich ungleiche Sachverhalte auch ungleich behandeln.[268] Für das Strafrecht hat der hier interessierende Bereich des Gleichheitssatzes des Art. 3 Abs. 1 GG eine spezielle Ausprägung erfahren:[269] Art. 103 Abs. 2 GG enthält neben anderen[270], ebenfalls wichtigen Prinzipien den Schuldgrundsatz, welchem zufolge jede Strafe schuldangemessen sein muß, die Sanktion also dem im Einzelfall vorliegenden Ausmaß der Schuld und dem diese bedingenden Ausmaß des verwirklichten Unrechts entsprechen muß[271].

---

[266] BGHSt 5, 66 ff.; BGHSt 9, 240 ff.

[267] Siehe die Fundstellen in der Einleitung, Fußn. 4.

[268] *Jarass/Pieroth*, GG, Art. 3 Rn. 5, unter Verweis auf zahlreiche Entscheidungen des BVerfG.

[269] Daß Art. 103 Abs. 2 GG eine spezielle Ausformung des Gleichheitsrechts des Art. 3 GG darstellt, stellen sowohl die Senatsentscheidung BVerfGE 64, 389, 394, als auch die Kammerentscheidung BVerfG, NJW 1993, 2524, fest.

[270] Insbesondere dem oben behandelten Gesetzlichkeitsprinzip, vgl. die Ausführungen im 2. Kapitel, Abschn. A.

[271] BVerfGE 20, 323, 331, sowie *Schmidhäuser*, Allgemeiner Teil, Rn. 10/2.

Denkt man dieses Postulat weiter, so muß jede Strafandrohung auch den Strafandrohungen für vergleichbares Unrecht und vergleichbare Schuld ungefähr entsprechen; umgekehrt darf bei einem unterschiedlichen Unrechts- und Schuldgehalt verschiedener Straftaten für diese nicht eine Strafe gleicher Höhe angedroht werden. Daraus wiederum läßt sich folgern, daß in einem wesentlich weniger schwer wiegenden Fall regelmäßig eine entsprechend niedrigere Strafe angedroht werden muß; die Gleichbehandlung solcher wesentlich ungleicher Situationen wäre unzulässig.

Demzufolge ist es im Fall des § 164 Abs. 1 StGB mindestens problematisch, der Vorschrift und damit der in ihr enthaltenen Strafandrohung drei völlig verschiedene Situationen zu subsumieren, nämlich (1.) die falsche Verdächtigung des *nicht einwilligenden* Opfers vor einem deutschen Strafverfolgungsorgan, (2.) die falsche Verdächtigung des *einwilligenden* Opfers vor einem deutschen Strafverfolgungsorgan sowie (3.) die falsche Verdächtigung des *nicht einwilligenden* Opfers vor einem *ausländischen* Strafverfolgungsorgan. Das (durch die jeweils begangene Rechtsgutsverletzung begründete) Unrecht dieser drei Taten ist – gerade der Alternativitätslehre zufolge offensichtlich – unterschiedlichen Ausmaßes: Im ersten Fall werden sowohl das Gemeinschaftsinteresse an einer funktionierenden Rechtspflege als auch die individuellen Interessen des Verdächtigten in strafrechtlich relevanter Weise berührt; im zweiten sowie im dritten Fall jeweils nur eines dieser Interessen.

Daß § 164 Abs. 1 StGB dem Richter einen Strafrahmen zur Verfügung stellt, heißt nicht, daß der Gesetzgeber damit gerade diese grundlegende Verschiedenheit der behandelten Situationen berücksichtigt wissen wollte; der Gesetzgeber ist nach der Wesentlichkeitsrechtsprechung des BVerfG vielmehr gehalten, solche wesentlichen Unterschiede bereits bei der Tatbestandsbildung zu berücksichtigen.[272]

Die Verfassungswidrigkeit der Auslegung des § 164 Abs. 1 StGB i. S. d. Alternativitätslehre hat zur Konsequenz, daß dieser nach dem Gebot einer

---

[272] Zur Wesentlichkeitsrechtsprechung siehe *Jarass/Pieroth*, GG, Art. 20 Rn. 46 mit Zitaten zahlreicher Entscheidungen des BVerfG.

verfassungskonformen Auslegung des einfachen Gesetzesrechts[273] nicht gefolgt werden kann, da mit der Rechtspflegetheorie sowie der Individualgutslehre zwei nicht den Makel der Verfassungswidrigkeit tragende Theorien existieren.[274]

II. Auseinandersetzung mit der Individualgutslehre

Die Individualgutslehre bringt es mit sich, daß das individuelle Interesse des Verdächtigten als alleiniges Schutzgut des § 164 StGB anzusehen ist. Über dieses danach einzige Schutzgut der Vorschrift besitzt sein Träger die uneingeschränkte Dispositionsfreiheit, so daß er in seine Verletzung wirksam einwilligen und im Fall einer wirksamen Einwilligung eine Rechtsgutsverletzung nicht gegeben sein kann.[275]

Die zwingende Straflosigkeit wird überwiegend als unbillig empfunden: Danach muß der die Verfolgungsbehörden irreführende Täter dann straffrei bleiben, wenn der von ihm Verdächtigte in die Verdächtigung eingewilligt hat. Gerade zur Umgehung dieses Ergebnisses wird mittels der zahlenmäßig überwiegenden Alternativitätsauffassung die Rechtspflege als zweites, zusätzliches Rechtsgut des § 164 StGB installiert, über welches der Verdächtigte nicht disponieren kann und dessen alleinige Verletzung zur Strafbarkeit aus § 164 Abs. 1 StGB hinreichen soll.[276]

---

[273] Zu diesem Gebot siehe oben 3. Kapitel, Abschn. B I.

[274] Deren Verfassungsmäßigkeit wurde jedoch noch nicht untersucht.

[275] Sieht man die Einwilligung mit der überkommenen Ansicht nicht bereits als tatbestandsausschließend, sondern lediglich als rechtfertigend an, kann jedenfalls das Unrecht der falschen Verdächtigung nicht vorliegen. Im Ergebnis kann jedenfalls die Straftat nach § 164 StGB nicht vollständig verwirklicht worden sein. Insgesamt ergibt sich aus der uneinheitlichen straftatsystematischen Einordnung der Einwilligung für das vorliegende Problem kein Unterschied.

[276] Vgl. bereits in diesem Kapitel S. 107. Neben den Vertretern der Rechtspflegetheorie vermag jedoch die Gesamtheit der Anhänger der Alternativitätslehre und damit – zusammengenommen – die weit überwiegende Auffassung ein solches Ergebnis nicht mitzutragen, siehe bereits in der Einleitung Fußn. 4.

Dieses Ergebnis – die Straflosigkeit des Verdächtigers im Fall der Einwilligung des Verdächtigten – wird jedoch nicht allein als unbillig empfunden, sondern ist auch strafrechtsdogmatisch problematisch. Zwar geht es hier bereits um die Frage, welches das Schutzgut des § 164 StGB ist, so daß ausdrücklich nicht mit der Teleologie dieser Vorschrift argumentiert werden kann. Verfassungsgrundsätze wie der bereits genannte Gleichheitssatz aus Art. 3 Abs. 1 GG, seine strafrechtliche Ausprägung im Schuldgrundsatz des Art. 103 Abs. 2 GG sowie die rechtsstaatlichen Grundsätze des Art. 20 GG einschließlich des Verhältnismäßigkeitsprinzips gelten jedoch in jedem Fall auch für die Festlegung des Schutzgutes einer Strafvorschrift. Diese Grundsätze beinhalten mindestens in ihrer Gesamtschau auch das Postulat sinnvoller und den widerstreitenden Interessen gerechtwerdender Strafvorschriften. Als im gegebenen Fall widerstreitend müssen – da eine entsprechende Einschränkung dieser Verfassungsgrundsätze nirgendwo gefordert wird – alle beteiligten Interessen (unabhängig auch von ihrer strafrechtlichen Einordnung unter den Topoi des Rechtsguts oder des allein reflexhaft betroffenen Interesses) angesehen werden.

Damit rückt auch das – unzweifelhaft zumindest mitbetroffene –[277] öffentliche Interesse an einer funktionierenden Sanktionenrechtspflege in den Blickpunkt auch der Untersuchung der Individualgutslehre. Hierbei ist insbesondere daran zu denken, daß das Verdächtigungsopfer im Falle der Erklärung seiner Einwilligung an der Irreführung der Rechtspflege mitwirkt.[278] Es ist bei einem einwilligenden Verdächtigten jedoch auch so, daß ihm kaum an einer Aufklärung seiner angeblichen Tat gelegen sein kann, sondern er vielmehr eine mindestens latente Verdunkelungsbereitschaft hegen wird; dies allerdings stellt eine zusätzliche Gefahr für die Rechtspflege dar.[279]

---

[277] Siehe hierzu die Ausführungen zur Rechtsfigur des sog. Rechtsreflexes weiter oben S. 102.

[278] *Langer*, Die falsche Verdächtigung, S. 55. Hierin allein wird wohl noch keine tiefere Beeinträchtigung der Rechtspflege im Vergleich zu der Verdächtigung eines unwissenden Opfers zu sehen sein.

[279] Vgl. *Langer*, a. a. O., S. 56 f.

Demnach ist es folgerichtigerweise – die Verdächtigung unter Einwilligung des Verdächtigten ist mindestens ebenso strafwürdig wie diejenige ohne Mitwisserschaft des Verdächtigten – allein sachgerecht und entspricht allein den aufgezählten Verfassungsvorschriften, den Verdächtiger auch im Falle einer Einwilligung des Verdächtigten wegen falscher Verdächtigung gem. § 164 StGB zu bestrafen. Dieses Ergebnis jedoch ist unter der Individualgutslehre nicht zu erreichen, diese Lehre mithin auch verfassungsrechtlich nicht haltbar. Mit dieser Argumentation verkennt der Verfasser auch nicht etwa die grundlegende Unterscheidung zwischen Rechtsgut sowie bloßem Rechtsreflex. Der Begriff des bloßen Schutzreflexes mag danach inhaltlich zwar nichts zur Rechtsgutsdiskussion beizutragen.[280] Jedoch lassen sich das faktische Betroffensein der entsprechenden Interessen und dessen verfassungsrechtliche Relevanz andererseits nicht leugnen.

Dem vorstehenden Einwand gegen die Individualgutslehre kann man auch nicht etwa dadurch begegnen, daß man die Wirksamkeit der Einwilligung des Verdächtigten in Frage zu stellen versucht. Zwar mag es auf den ersten Blick einleuchtend erscheinen, die Einwilligung des Individualgutsträgers mit der Begründung für obsolet zu halten, dieser könne über das Gemeinschaftsrechtsgut der Rechtspflege nicht verfügen. In gleicher Weise argumentiert der BGH im Fall der zusammengesetzten Delikte, bei welchen eine gegebene Einwilligung in die jeweilige Individualgutsverletzung unwirksam sei.[281] Eine solche Konstruktion verkennt indessen die Bedeutung der persönlichen Freiheit des Individualgutsträgers bereits für den Rechtsgutsbegriff[282] und ist kaum mit der Grundannahme der Individualgutslehre zu vereinbaren, bei § 164 StGB werde die Rechtspflege durch eine falsche Verdächtigung lediglich im Sinne eines bloßen Schutzreflexes betroffen.

Würde man auf dem Boden der Individualgutslehre die Wirksamkeit der Einwilligung des Verdächtigten anhand der Betroffenheit der Rechtspflege

---

[280] Siehe bereits die Vorbemerkung oben zu Beginn des Abschnitts B in diesem Kapitel.

[281] BGHSt 28, 261, 264; zu diesem Thema siehe *Paul*, Zusammengesetztes Delikt und Einwilligung, S. 107 f.

[282] Siehe oben Fußn. 231.

überprüfen, so würde man diese notwendigerweise auch zum Schutzgut des § 164 StGB erheben und auf diese Weise die Unterschiede zwischen den Rechtsfiguren einerseits des Rechtsguts sowie andererseits des bloßen Rechtsreflexes vollständig wieder einebnen. Im Ergebnis mutierte die Individualgutslehre damit zu einer Alternativitätsauffassung, und sämtliche gegen die Alternativitätsauffassung vorgebrachten, teilweise im Verfassungsrang stehenden Einwände träfen in gleicher Weise ein solches Konstrukt.

III. Befürwortung der Rechtspflegetheorie

Daß durch eine falsche Verdächtigung neben den reflexhaft betroffenen Interessen des Verdächtigten stets auch die Funktionstüchtigkeit bzw. Leistungsfähigkeit der staatlichen Rechtspflege (nicht allein der Strafrechtspflege) berührt werden, wurde bereits zuvor festgestellt.[283] Zum einen ist die Rechtspflegetheorie der Individualgutslehre dadurch überlegen, daß sie die – wie oben[284] untersucht – sachgerechte Strafbarkeit des Verdächtigers auch bei einer Einwilligung des Verdächtigten gewährleistet. Zum anderen entspricht die Rechtspflegetheorie eher als die von der Rechtsprechung und in deren Gefolge einem Großteil der kommentierenden Literatur vertretene Alternativitätsauffassung den Vorstellungen der Verfassung.[285] Sowohl Individualgutslehre als auch Alternativitätsauffassung stehen – wie gezeigt – auch im Konflikt mit geltenden Verfassungsprinzipien.

Ebenfalls einschlägig ist damit auch das bereits erwähnte Gebot einer „verfassungskonformen Auslegung“ einfachgesetzlicher Rechtsvorschriften.[286] Es hat sich nunmehr ergeben, daß weder die Auslegung des § 164 Abs. 1 StGB i. S. d. Alternativitätsauffassung noch seine Auslegung i. S. d. Individualgutslehre verfassungskonform sind, während mit der Auslegung der Vorschrift i. S. d. Rechtspflegetheorie auch eine verfassungsmäßige Ausle-

---

[283] Siehe oben S. 103 mit Fußn. 237.

[284] Vgl. S. 113.

[285] Die fehlende Verfassungsmäßigkeit der Alternativitätslehre wurde oben Unterabschnitt I 2 aufgewiesen.

[286] Siehe dazu oben 3. Kapitel Abschn.B Unterabschn. I.

gungsmöglichkeit zur Verfügung steht. Auch das Gebot einer „verfassungskonformen Auslegung“ einfachen Gesetzesrechts fordert also die Interpretation des § 164 Abs. 1 StGB i. S. d. Rechtspflegetheorie.

Nach allem steht als der (alleinige) Schutzzweck des § 164 StGB das Funktionieren der innerstaatlichen Rechtspflege fest.

Kapitel 7: Teleologische Auslegung des § 164 Abs. 1 StGB

Nach den bisherigen Erkenntnissen kann nun die Auslegung der Vorschrift über die falsche Verdächtigung zu einem Ergebnis gebracht werden. Diese Erkenntnisse waren (1.) diejenige, Art. 103 Abs. 2 GG schreibe keine bestimmte Auslegung des § 164 Abs. 1 StGB vor und erlaube insbesondere die Bestrafung auch der Verdächtigung mittels *zutreffender* Tatsachenbehauptungen,[287] (2.) der Verdächtiger behaupte, auch wenn er ausdrücklich nur eine unrechte Tat erwähnt, konkludent stets, es liege eine vollständig straf- und verfolgbare Tat vor,[288] sowie (3.) das Funktionieren der innerstaatlichen Rechtspflege sei alleiniges Schutzgut des § 164 StGB[289]. Letztlich kommt es – so die obigen Feststellungen –[290] auf den Schutzzweck des § 164 StGB an, möchte man entscheiden, ob bereits die falsche Verdächtigung mit einer allein unrechten Tat für die Erfüllung der Strafvorschrift ausreicht oder ob das Opfer der Begehung einer vollständig verwirklichten und zudem verfolgbaren Straftat verdächtigt werden muß.

A. Inanspruchnahme und Belastung der Rechtspflege im Strafverfahren

Es ist demnach zu untersuchen, inwieweit die Verfolgungsbehörden durch eine ihnen vorliegende falsche Verdächtigung beeinflußt werden, und ob es hierbei einen Unterschied macht, ob eine lediglich rechtswidrige, jedoch *nicht* auch schuldhafte, insgesamt straf- sowie verfolgbare Tat geschildert wird (und die Einleitung eines Verfahrens regelmäßig nicht in Frage kommt) oder ob eine vollständig verwirklichte sowie verfolgbare Straftat behauptet wird (und die Einleitung eines Verfahrens naheliegt).

---

[287] Siehe dazu das 3. Kapitel.

[288] Siehe im 4. Kapitel.

[289] Siehe dazu das 6. Kapitel.

[290] Zu Ende des 5. Kapitels.

Wird eine lediglich rechtswidrige Tat des Verdächtigten behauptet und besteht von vornherein *nicht* die Gefahr des Beginns einer Strafverfolgung gegen diesen,[291] bedeutet dies, daß die Verfolgungsbehörden im konkreten Fall nicht zu Unrecht in ein Ermittlungsverfahren eintreten werden. Beispielsweise wäre dies die Verdächtigung wegen einer offensichtlich verjährten Tat.

Was damit im Fall der Verdächtigung mit einer nicht verfolgbaren Tat als Beeinflussung der Verfolgungsbehörden allein verbleibt (noch vor dem Ermittlungsverfahren, welches bereits als Vorverfahren bezeichnet wird), ist, daß sich die Behörden darüber klar werden müssen, ob in einer bestimmten Angelegenheit überhaupt der für die Aufnahme von Ermittlungen notwendige Anfangsverdacht einer Straftat gegeben ist.[292] Der dafür (für die bloße Bejahung oder Verneinung der eigenen Zuständigkeit, vgl. die vorhergehende Fußnote) notwendige Arbeitsaufwand erfordert sicherlich nicht den Schutz durch eine Strafbestimmung.

Es kann also festgehalten werden, daß bei fehlender Gefahr der Einleitung eines Ermittlungsverfahrens gegen den Verdächtigten die Strafverfolgungsbehörden auch beim Ausgehen von der Rechtspflegetheorie nicht (zumindest nicht in strafwürdiger Weise) zu Unrecht in Anspruch genommen werden können. Entsprechend bedarf die staatliche Rechtspflege in einem solchen Fall keiner Absicherung und eben auch keiner solchen durch einen Straftatbestand. Allein dann, wenn tatsächlich die Gefahr besteht, daß der falsch Verdächtigte mit einem Strafverfahren überzogen wird, erfordert der Schutz der Rechtspflege die strafrechtliche Sanktionierung der Verdächtigung.

---

[291] Daß, etwa bei Schuldunfähigkeit des Täters, auch Fälle vorstellbar sind, in denen die Begehung einer allein unrechten Tat aufgrund des StGB Rechtsfolgen nach sich zieht, ist oben im 4. Kapitel Fußn. 185 bereits festgestellt worden. Siehe jedoch auch unten S. 121.

[292] Nach Ansicht des Verfassers handelt es sich dabei um nicht mehr als die Prüfung der eigenen Zuständigkeit. Die Verneinung eines Anfangsverdachts stellt nichts anderes als die Verneinung der Zuständigkeit der Staatsanwaltschaft dar; insbesondere enthalten die §§ 142 ff. GVG keine explizite Regelung der sachlichen Zuständigkeit der Staatsanwaltschaften.

Sinn und Zweck des § 164 Abs. 1 StGB auch unter Zugrundelegung der Rechtspflegetheorie gebieten also die Voraussetzung der Gefahr einer Verfahrenseinleitung gegen den Verdächtigten. Diese Gefahr jedoch besteht regelmäßig allein dann, wenn eine rechtswidrige, schuldhaft verwirklichte und insgesamt verfolgbare Tat des Verdächtigten behauptet wird.[293]

B. Verhältnis der teleologischen zur wortlautgebundenen Auslegung des § 164 Abs. 1 StGB

Aus den bisherigen Ergebnissen ergibt sich ein scheinbares Problem, welches an dieser Stelle aufgezeigt werden muß. Im fünften Kapitel[294] war bei der Untersuchung des Gesetzeswortlautes des § 164 Abs. 1 StGB festgehalten worden, daß die Gefahr einer Strafverfolgung des Verdächtigten nach dem Wortlaut der Vorschrift (allein „rechtswidrige Tat“) *nicht* erforderlich ist. Dagegen hat sich im letzten Abschnitt ergeben, daß § 164 Abs. 1 StGB im Sinne der Gesetzesteleologie allein dann erfüllt sein kann, wenn umgekehrt die Gefahr der Auferlegung von Sanktionen besteht. In diesem Punkt stehen also die wortlautgebundene sowie die teleologische Auslegung des § 164 Abs. 1 StGB scheinbar in Widerspruch, so daß das Verhältnis dieser Auslegungsmethoden geklärt werden muß.

Zwar kann keines der herkömmlichen Auslegungskriterien einen absoluten Vorrang vor einem anderen Kriterium beanspruchen.[295] Jedoch ist in der vorliegenden Situation doch von einem Vorrang der teleologischen Auslegung vor dem Wortlaut der betreffenden Norm auszugehen: Diese vorliegende Situation ist dadurch gekennzeichnet, daß die teleologische Auslegung gerade zu dem Ergebnis kommt, es sei eine bestimmte Interpretation der Vorschrift jenseits ihres Wortlautes erforderlich. In dieser Situation ist es nicht denkbar, unter Verweis auf diesen Wortlaut des § 164 Abs. 1 StGB der teleologischen Auslegung *nicht* zu folgen.

---

[293] Vgl. oben Fußn. 291.

[294] Vgl. oben Kapitel 5, Abschnitt D.

[295] *Larenz/Canaris*, Methodenlehre der Rechtswissenschaft, S. 166.

Mit anderen Worten: Es ist bei der teleologischen Auslegung einer Rechtsnorm nicht selten der Fall, daß über den Wortlaut der Norm hinausgehend oder hinter ihrem Wortlaut zurückbleibend eine bestimmte weitere, positive oder negative Tatbestandsvoraussetzung etabliert wird. In allen diesen Fällen könnte nun das Ergebnis einer teleologischen Gesetzesauslegung mit dem Hinweis auf den Wortlaut der Vorschrift abgelehnt werden. Damit würde die teleologische Auslegungsmethode jedoch eines Großteils ihres Anwendungsbereiches beraubt. Daß es auch eine teleologische Auslegung unzweideutig gibt und daß – soweit ersichtlich – nirgendwo eine entsprechende Einschränkung in ihrer Anwendung vorgenommen wird, zeigt, daß der wortlautgebundenen Auslegung eine solche Wirkung nicht zukommen kann.

Dabei handelt es sich um keine revolutionäre Erkenntnis: Es gilt allein zu erkennen, daß es der teleologischen Auslegung quasi immanent ist, in Konflikt mit dem Wortlaut eines Gesetzes zu stehen. Von daher kann hier auch verallgemeinernd gesagt werden, daß der Berufung auf den Gesetzeswortlaut gegen ein teleologisch begründetes Auslegungsergebnis jedenfalls ohne weitere Argumentation grundsätzlich nicht zu folgen ist.[296]

Damit muß feststehen, daß es hier – auch unabhängig von einem nicht gegebenen generellen Vorrang des teleologischen Auslegungskriteriums – entscheidend nicht auf den bloßen Wortlaut des § 164 Abs. 1 StGB ankommen kann, sondern maßgeblich auf den Schutzzweck der Bestimmung ankommt.

C. Fazit

Im Ergebnis ist damit, auch wenn der Gesetzeswortlaut des § 164 Abs. 1 StGB allein die Verdächtigung mit einer rechtswidrigen Tat verlangt, die Verdächtigung mit einer verfolgbaren Tat, also regelmäßig mit einer rechtswidrigen, schuldhaften und insgesamt straf- sowie verfolgbaren Tat zu fordern.

---

[296] So auch *Larenz/Canaris*, a. a. O., S. 166.

Hierbei ist noch anzumerken, daß rechtswidrige, gleichwohl jedoch nicht auch schuldhafte oder sonst nicht straf- und verfolgbare Taten existieren, welche bereits die Auferlegung von Maßnahmen aufgrund des StGB nach sich ziehen können: So mag bei einer zwar schwerwiegenden, jedoch im Zustand der Schuldunfähigkeit begangenen Tat eine Bestrafung (jenseits der Strafbarkeit wegen Vollrausches gem. § 323 a StGB) ausscheiden; es kann jedoch die Unterbringung des Täters in einer Einrichtung angeordnet werden (§§ 63 f. StGB). Bei einer im Zustand der Schuldunfähigkeit begangenen Trunkenheitsfahrt kann zwar nicht aus § 316 StGB (sowie den ggf. jeweils in Betracht kommenden weiteren Vorschriften) gestraft werden; eine Entziehung der Fahrerlaubnis ist jedoch gleichwohl möglich (§ 69 StGB). Zudem ist trotz Schuldunfähigkeit die Auferlegung eines Berufsverbots zulässig (§ 70 StGB). In diesen Fällen stellt sich nicht die in dieser Arbeit behandelte Frage nach einer (ungeschriebenen) zusätzlichen Strafbarkeitsvoraussetzung in Gestalt der Straf- und Verfolgbarkeit der behaupteten Tat des Verdächtigten.

Kapitel 8: Unzutreffende Schilderung einer nicht straf- und verfolgbaren Tat

Bis ins zweite Kapitel hinein sind in der vorliegenden Arbeit zwei unterschiedliche Fallbeispiele zum Gegenstand der falschen Verdächtigung behandelt worden (unzutreffende Schilderung einer nicht straf- und verfolgbaren Tat sowie zutreffende Schilderung einer rechtswidrigen Tat unter Verschweigen von Strafbarkeits- oder Verfolgungshindernissen)[297]. Im Verlauf des zweiten Kapitels sind diese zwei Fallbeispiele sogar ausdrücklich gegeneinander abgegrenzt worden.[298] Obwohl beide Fallgestaltungen gleichermaßen in den Themenbereich der vorliegenden Arbeit fallen, ist in den vorangegangenen Kapiteln dann doch nur die Fallgestalt der Behauptung zutreffender Tatsachen unter Verschweigen von Strafbarkeitshindernissen weiter untersucht worden (der zweite der im zweiten Kapitel beschriebenen Fälle).

Die beiden verschiedenen, jedoch dasselbe Problem betreffenden Fallgestaltungen werden in den Lehrdarstellungen üblicherweise nicht zusammenhängend behandelt.[299] In keiner einzigen Stellungnahme findet sich eine Zusammenfassung beider Phänomene unter einem gemeinsamen Schlagwort; dabei handelt es sich doch in beiden Fällen um die Frage, ob eine rechtswidrige Tat unabhängig von ihrer Straf- und Verfolgbarkeit den Gesetzesbegriff der „rechtswidrigen Tat“ erfüllen kann. In der Einleitung dieser Arbeit wurde das Verhältnis beider Phönomene sogar durch den Ausdruck „spiegelbildlich“ gekennzeichnet.[300]

---

[297] Genauer wird dies erläutert in dem eigenen Abschnitt A in diesem Kapitel.

[298] Insbesondere oben Kapitel 2 C III.

[299] Besonders augenfällig ist dies bei *Geilen*, wo beide Fälle an ganz verschiedenen Stellen seines zweiteiligen Aufsatzes abgehandelt werden; siehe *Geilen*, Jura 1984, 251, 256 f., bzw. 300, 301.

[300] Oben Einleitung, S. 20.

A. Präzise Benennung des darzustellenden Falls und seine Behandlung in der Literatur

Auch hier geht es also um die Frage, ob die unwahre Behauptung einer bloß unrechten Tat ohne weiteres zur Erfüllung des Tatbestandes des § 164 Abs. 1 StGB ausreicht. Hierbei ist der Fall vorstellbar, daß zwar eine unrechte Tat unzutreffend behauptet, jedoch zusätzlich ausdrücklich mitgeteilt wird, es lägen der Schuld entgegenstehende Umstände, Strafbarkeits- oder Verfolgungshindernisse vor.[301] Die Beispiele aus dem zweiten Kapitel veranschaulichen das Gemeinte: Der Täter zeigt sein Opfer mittels Behauptung unzutreffender Tatsachen wegen einer angeblich im (die Schuldhaftigkeit jedenfalls der Rauschtat ausschließenden) Alkoholrausch begangenen Körperverletzung an; oder er verdächtigt es wegen einer vor langer Zeit stattgefundenen und deshalb verjährten Tat. Der Täter muß die jeweiligen einschränkenden Umstände (die Volltrunkenheit bzw. die eingetretene Verjährung) nicht unbedingt *ausdrücklich* mitteilen; der Fall einer *stillschweigenden* Mitteilung ist ebenso möglich.[302] Die zwar jeweils offensichtlich nicht verfolgbaren Taten sind jedoch rechtswidrige Taten im Sinne jedes Straftataufbaus und unterfallen damit dem Wortlaut des § 164 Abs. 1 StGB. Zur Abgrenzung soll auch darauf verwiesen werden, daß im zweiten Kapitel auch der andere, bereits abgehandelte Fall anhand eines Beispiels erläutert wurde:[303] Dieser zeichnet sich dadurch aus, daß die die Rechtswidrigkeit der Tat betreffenden Tatumstände zwar zutreffend geschildert werden, schuld-, straf- oder verfolgbarkeitsrelevante Umstände jedoch verschwiegen werden.

Die nunmehr interessierenden Taten sind zwar rechtswidrig, gleichwohl behandelt die Literatur[304] diese Taten einhellig *nicht* als rechtswidrige Ta-

---

[301] Daß zwar auch der Fall einer stillschweigenden Mitteilung solcher Umstände vorstellbar, in den Rechtsfolgen jedoch gleichgelagert ist, dazu vgl. die Ausführungen oben Fußn. 113 sowie Fußn. 170.

[302] Siehe insbesondere oben Fußn. 113 und 170.

[303] Dort S. 49 f.

[304] Eine Stellungnahme der Rechtsprechung zu dieser Frage liegt bislang nicht vor, vgl. im einzelnen oben das 2. Kapitel Abschn. C I.

ten i. S. d. § 164 Abs. 1 StGB bzw. sieht sie jedenfalls *nicht* als tauglichen Verdächtigungsgegenstand an. Da diese Taten jeweils nicht strafbar seien, bestehe auch nicht die Gefahr einer Strafverfolgung der jeweiligen Verdächtigten, entsprechend seien die Verdächtigungen nicht strafwürdig und dürften dem Straftatbestand des § 164 Abs. 1 StGB nicht unterfallen.[305]

Im übrigen vertreten diese Meinung auch *Rudolphi/Rogall* (anders als im Fall ihrer nur formell übereinstimmenden, damit jedoch materiell *entgegengesetzten* Entscheidung im spiegelbildlichen Fall des Verschweigens von Strafbarkeitshindernissen).[306] Die Literatur befürwortet hier also ausnahmslos die Notwendigkeit einer Abweichung vom Gesetzeswortlaut.

B. Fehlende Einschlägigkeit von Art. 103 Abs. 2 GG

Der Grund dafür, daß hier auch *Rudolphi/Rogall* eine Abweichung vom Wortlaut des § 164 Abs. 1 StGB für notwendig halten, liegt in der Unbedenklichkeit dieser Abweichung vor dem Hintergrund des aus Art. 103 Abs. 2 GG folgenden Analogieverbotes. In dem Fall der Schilderung einer zwar unrechten, jedoch *nicht* verfolgbaren Tat soll § 164 Abs. 1 StGB der einhelligen Literaturansicht zufolge abweichend von der Erfüllung seines Gesetzeswortlauts *nicht* angewendet werden.[307] Dies jedoch kommt dem Verdächtiger zugute, so daß ein Konflikt mit den Grundsätzen des Art. 103 Abs. 2 GG keinesfalls entstehen kann.[308] Art. 103 Abs. 2 GG stünde einer einschränkenden Auslegung des § 164 Abs. 1 StGB, so diese zu befürworten wäre, *nicht* entgegen.

---

[305] Diese einhellige Literaturmeinung wurde bereits oben mit Fundstellen belegt; vgl. 2. Kapitel Fußn. 115 sowie Fußn. 116. Siehe zu *Rudolphi/Rogalls* hier übereinstimmender Ansicht den sogleich folgenden Text.

[306] Vgl. im 2. Kapitel Fußn. 119 f.

[307] Vgl. die Ausführungen im 2. Kapitel S. 51.

[308] Siehe dazu bereits oben Fußn. 144.

C. Fehlende Einschlägigkeit auch der Erkenntnisse zur Lehre vom konkludenten Rechtsgeschäft

Nach der Analyse des Art. 103 Abs. 2 GG im dritten Kapitel dieser Arbeit ist dann im vierten Kapitel auf die Lehre vom konkludenten Rechtsgeschäft eingegangen worden. Diese Lehre war im Fall des Verschweigens von schuld-, strafbarkeits- oder verfolgbarkeitsrelevanten Tatumständen deshalb so bedeutsam, weil ein solches Verschweigen allein als eine konkludente Äußerung strafrechtlich relevant werden kann.[309]

Der jetzt interessierende Fall der Schilderung einer erfundenen rechtswidrigen, aber nicht schuldhaften, nicht strafbaren oder sonst nicht verfolgbaren Tat bedarf zu seiner Lösung nicht unbedingt der Lehre vom konkludenten Rechtsgeschäft. Zwar ist im Verlauf dieser Arbeit von einer „ausdrücklichen" Schilderung des jeweiligen Strafbarkeitshindernisses gesprochen worden; diese Wortwahl diente jedoch vorwiegend der Kennzeichnung der unbedingt erforderlichen Schilderung dieses Umstandes gleichzeitig mit der Schilderung der betreffenden Unrechtstat. Es ist allein erforderlich, daß der Verdächtiger bei der Schilderung der angeblichen Tat seines Opfers auch das Vorliegen dieses entlastenden Umstandes schildert; nicht gemeint ist, daß bei einer angeblichen Tat ein solcher Umstand stets ausdrücklich mitgeschildert werden müßte.

Wie an anderer Stelle bereits beschrieben, ist der Fall einer nur stillschweigenden Mitteilung entlastender Umstände nicht anders zu beurteilen als der einer ausdrücklichen Mitteilung dieser Umstände;[310] es geht dabei bei-

[309] Eine falsche Verdächtigung durch Unterlassen gem. §§ 164, 13 StGB kann deshalb nicht vorliegen, weil eine Garantenpflicht des Verdächtigers – bei allen diesbezüglichen Unklarheiten – nicht bestehen wird. Auch in dieser Frage ist wieder das von § 164 StGB geschützte Rechtsgut wichtig; siehe dazu ausführlich das 6. Kapitel. Wird dieses Schutzgut richtigerweise mit dem Gemeinschaftsrechtsgut der staatlichen Rechtspflege identifiziert, so muß bereits grundlegend in Zweifel gezogen werden, ob zugunsten von Gemeinschaftsrechtsgütern überhaupt Garantenpflichten bestehen können. Könnten sie bestehen, so wäre es auch unerheblich, ob ein zunächst gutgläubiger Erstatter einer Strafanzeige erst im nachhinein bösgläubig würde.

[310] Siehe 2. Kapitel, Fußn. 113, sowie 4. Kapitel, Fußn. 170.

spielsweise um die Situation einer Anzeigeerstattung, in welcher der Anzeigeerstatter auf die Frage nach dem Vorliegen eines bestimmten entlastenden Umstandes mit einem bloßen Kopfnicken antwortet.

Ist die stillschweigende Äußerung über einen bestimmten Umstand damit *nicht* notwendiger Bestandteil der hier zu analysierenden Fallsituation, so kann die Lehre vom konkludenten Rechtsgeschäft entsprechend *nicht* notwendiger Bestandteil ihrer rechtlichen Lösung sein. Auf den nunmehr interessierenden Fall muß die Lehre vom konkludenten Rechtsgeschäft also *nicht* angewendet werden.

D. Auslegung des § 164 Abs. 1 StGB im nunmehr dargestellten Fall

Nachdem die Frage nach dem Schutzgut des § 164 Abs. 1 StGB nach den Untersuchungen im sechsten Kapitel als geklärt angesehen werden kann, steht der Auslegung der Vorschrift auch für den nunmehr interessierenden Fall der falschen Verdächtigung mit einer entschuldigten oder sonst nicht straf- oder verfolgbaren Tat nichts entgegen. Vorab ist noch festzuhalten, daß diese Auslegung weder durch die amtliche Überschrift zu § 164 StGB noch durch die in § 11 Abs. 1 Nr. 5 StGB enthaltene Definition des Begriffes „rechtswidrige Tat" determiniert wird: Das Argument der amtlichen Überschrift zu § 164 StGB („Falsche Verdächtigung") betrifft von vornherein nur den hier nicht mehr zu problematisierenden Fall des Verschweigens bestimmter Umstände bei ansonsten zutreffenden Tatsachenbehauptungen und die Frage, ob die Verdächtigung bei dieser Sachlage „falsch" i. S. d. § 164 StGB ist. Daß die in § 11 Abs. 1 Nr. 5 StGB enthaltene Begriffsbestimmung nur eine teilweise Definition beinhaltet und vorliegend nicht hilfreich ist, gilt für den – hier zu untersuchenden – Fall der nicht verfolgbaren Tat ebenso wie für den – bereits analysierten – Fall des Verschweigens von Strafbarkeitshindernissen.

Die *wortlautgebundene* Auslegung des § 164 Abs. 1 StGB spricht gegen das Erfordernis der Verdächtigung mit einer insgesamt straf- und verfolgbaren Tat. Der Gesetzeswortlaut enthält ausdrücklich allein die Voraussetzung der Verdächtigung mit einer rechtswidrigen Tat, was *gegen* die Annahme spricht, eine zwar rechtswidrige, nicht jedoch auch schuldhafte, straf- und verfolgbare Tat sei zur Tatbestandserfüllung *nicht* ausreichend. Weder die *systematische* noch die *historische* Auslegung bringen das Problem seiner Lösung näher; beide sind hier ebenso unergiebig wie im Fall des Verschweigens von Strafbarkeitshindernissen[311].

Die *teleologische* Auslegung allerdings ist im Fall der rechtswidrigen, jedoch insgesamt nicht straf- und verfolgbaren Tat sinnvoll anwendbar. Das Ziel und der Zweck der Vorschrift des § 164 StGB sind der Schutz einer funktionierenden Rechtspflege,[312] und das Funktionieren der Rechtspflege kann nur dadurch in Frage gestellt werden, daß aufgrund den Rechtspflegeorganen mitgeteilten unzutreffenden Tatsachen Ermittlungen aufgenommen werden (zu diesen unnötigen Ermittlungen zählt nicht die Frage nach dem Vorliegen des erforderlichen Anfangsverdachts [§ 152 Abs. 2 StPO])[313]. Entsprechend ist die Verdächtigung mit einer verfolgbaren Tat vorausgesetzt; eine bloß unrechte Tat reicht dazu im Regelfall nicht aus. Eine teleologische Auslegung des § 164 Abs. 1 StGB würde also dafür sprechen, über den Gesetzeswortlaut hinaus zu verlangen, daß der Täter eine nicht allein rechtswidrige, sondern eine insgesamt verfolgbare Tat schildert.

Wieder stehen die wortlautgebundene sowie die teleologische Auslegung des § 164 Abs. 1 StGB in Widerspruch, und wieder ist hier dem teleologischen Auslegungskriterium der Vorrang einzuräumen; dies in dem Bewußtsein, daß grundsätzlich keine der allgemein anerkannten Auslegungsregeln einen Vorrang vor einer anderen beanspruchen kann, dem teleologischen Auslegungskriterium ein Vorrang vor dem Gesetzeswortlaut jedoch gleichsam immanent ist.[314]

---

[311] Dazu siehe im fünften Kapitel S. 97 f.

[312] So das Resultat der Ausführungen im 6. Kapitel.

[313] So bereits die obigen Feststellungen, vgl. S. 118.

[314] Vgl. oben Kapitel 7, Abschn. B.

Der Tatbestand des § 164 Abs. 1 StGB ist für den Fall der Schilderung einer schuldlos begangenen oder sonst nicht strafbaren Tat einschränkend dahingehend auszulegen, daß die nicht die Gefahr der Verfahrenseinleitung gegen den Verdächtigten bergende Verdächtigung mit einer allein rechtswidrigen Tat nicht zur Tatbestandserfüllung ausreicht.

E. Fazit

Im Fall der Verdächtigung mit einer nicht strafbaren Unrechtstat ist der Tatbestand des § 164 Abs. 1 StGB nur dann anzuwenden, wenn die Verdächtigung zur Einleitung eines Ermittlungsverfahrens tauglich ist, grundsätzlich also lediglich bei der Verdächtigung mit einer insgesamt strafbaren Tat.

Dieses die Geltung des § 164 Abs. 1 StGB einschränkende Resultat steht lediglich in scheinbarem Widerspruch zu den Erkenntnissen zum Fall des Verschweigens von Verfolgungshindernissen, in welchem § 164 Abs. 1 StGB erstreckt wird auf seinem Wortlaut scheinbar nicht zu subsumierende Situationen. Lediglich scheinbar ist dieser Widerspruch deshalb, weil es sich um spiegelbildliche Phänomene handelt, bei denen auf den ersten Blick ganz verschiedene Ergebnisse materiell doch übereinstimmen. Der Gegenstand des § 164 Abs. 1 StGB wird für beide Fallgestaltungen als die gesamte Straftat festgelegt; diese Festlegung hat in einem Fall die Anwendung des § 164 Abs. 1 StGB zur Folge (falsch ist auch die allein im Schuld- oder weiteren Straftatbereich unzutreffende Verdächtigung), im anderen seine Nichtanwendung (rechtswidrige Tat i. S. d. Vorschrift ist grundsätzlich allein die straf- sowie verfolgbare Tat).

Kapitel 9: Zusammenfassung des Ergebnisses

Es ging in dieser Untersuchung um die Fragen, welches der Gegenstand der falschen Verdächtigung gem. § 164 Abs. 1 StGB und ob dieser Vorschrift insbesondere bereits die allein rechtswidrige, nicht jedoch schuldhaft verwirklichte oder jedenfalls nicht straf- bzw. nicht verfolgbare Tat zu subsumieren ist. Hierbei waren zwei verschiedene Konstellationen zu unterscheiden: Dies war zum einen die Situation, daß der Täter des § 164 Abs. 1 StGB eine zwar rechtswidrige, nicht jedoch straf- oder verfolgbare Tat des Verdächtigten behauptet (der erste der im 2. Kapitel unterschiedenen und der im 8. Kapitel behandelte Fall). Zum anderen ist vorstellbar, daß der Täter zwar insoweit wahrheitsgemäß eine rechtswidrige Tat des Verdächtigten behauptet, jedoch entlastende, sich auf die Schuld des Täters oder auf die Straf- bzw. Verfolgbarkeit der Tat auswirkende Umstände verschweigt (der zweite der im 2. Kapitel unterschiedenen sowie der in den Kapiteln 3 bis 7 behandelte Fall).

Beide Fälle sind zwar voneinander zu unterscheiden; es handelt sich jedoch um zwei Ansichten *desselben* Problems, und zwar um die eine Frage, ob eine teleologische Auslegung des § 164 Abs. 1 StGB zu dem Ergebnis kommen darf, Gegenstand der falschen Verdächtigung sei stets die insgesamt straf- und verfolgbare Tat. Diese Frage ist zu bejahen und dies für beide unterschiedenen Fallgestaltungen,[315] sowie auch zu Lasten des Täters, da es sich ggf. gerade um eine zulässige Gesetzesauslegung und nicht um eine unzulässige Analogie handelt[316]. Bei den beiden in dieser Arbeit unterschiedenen Fallkonstellationen handelt es sich tatsächlich um spiegelbildliche Phänomene, welche durchaus Unterschiede aufweisen, jedoch richtigerweise unter demselben Oberbegriff angesprochen werden sollten.

---

[315] Oben 7. Kapitel bzw. 8. Kapitel.

[316] Siehe dazu das 3. Kapitel sowie die Ausführungen im 5. Kapitel auf S. 96, insbesondere Fußn. 217.

Dabei soll abschließend betont werden, daß sich, soweit als Endergebnis dieser Arbeit feststeht, eine falsche Verdächtigung erfordere mehr als die Behauptung einer bloß rechtswidrigen Tat, sondern vielmehr auch deren Strafbarkeit sowie ihre strafprozessuale Verfolgbarkeit, dies *nicht* aus § 11 Abs. 1 Nr. 5 StGB ergibt.[317] Jedoch ist aus teleologischen Erwägungen als tauglicher *Gegenstand der falschen Verdächtigung* stets die schuldhaft verwirklichte, vollständig straf- sowie auch verfolgbare Tat erforderlich.

---

[317] Siehe oben im 5. Kapitel Abschnitt A.

Literaturverzeichnis

Achenbach, Hans: „Tat", „Straftat", „Handlung" und die Strafrechtsreform, MDR 1975, S. 19.

Arzt, Gunther/ Weber, Ulrich: Strafrecht Besonderer Teil, Bielefeld 2000.

Bartmann, Gunnar Ch.: Der Submissionsbetrug, Diss. FU Berlin 1997.

Baumann, Jürgen/ Arzt, Gunther: Kartellrecht und allgemeines Strafrecht, ZHR 134 (1970), S. 24.

Bernhard, Lars: Falsche Verdächtigung (§§ 164, 165 StGB) und Vortäuschen einer Straftat (§ 145 d StGB), Berlin 2003, zugleich Diss. Hagen 2003.

Best, Dominik: Betrug durch Kartellabsprachen bei freihändiger Vergabe, Besprechung von BGH, Urteil vom 11.7.2001, GA 2003, S. 157.

Bienko, Thomas: Nochmals: Zur Strafbarkeit einer verabredeten Falschverdächtigung im Anschluß an Verkehrsunfälle, NZV 1993, S. 98.

Blei, Hermann: Strafrecht II. Besonderer Teil, München 1983.

Bockelmann, Paul: Strafrecht Besonderer Teil/3, München 1980.

Bottke, Wilfried: Wege der Strafrechtsdogmatik, JA 1980, S. 93.

Deutscher, Axel: Falsche Verdächtigung eines Schuldigen durch falsche Beweismittel – BGH, NJW 1988, 81, in: JuS 1988, S. 526.

ders.: Grundfragen der falschen Straftatverdächtigung (§ 164 Abs. 1 StGB), Diss. Bonn 1992.

Fahrenhorst, Irene: Grenzen strafloser Selbstbegünstigung, JuS 1987, S. 707.

Fezer, Gerhard: Anmerkung zu BGH, Beschluß vom 1.9.1987, NStZ 1988, S. 177.

ders.: Hat der Beschuldigte ein „Recht auf Lüge"?, in: Wilfried Küper und Jürgen Welp (Hrsg.), Festschrift für Walter Stree und Johannes Wessels, Heidelberg 1993, S. 663.

Frank, Reinhard: Das Strafgesetzbuch für das Deutsche Reich, Kommentar, 18. Aufl., Tübingen 1931.

Freund, Georg: Urkundenstraftaten, Berlin u. a., 1996.

ders.: Der Aufbau der Straftat in der Fallbearbeitung, JuS 1997, S. 235.

ders.: Strafrecht Allgemeiner Teil, Berlin und Heidelberg 1998.

Geerds, Friedrich: Kriminelle Irreführung der Strafrechtspflege, Jura 1985, S. 617.

Gehrig, Klaus: Der Absichtsbegriff in den Straftatbeständen des Besonderen Teils des StGB, Berlin 1986.

Geilen, Gerd Grundfragen der falschen Verdächtigung, Jura 1994, S. 251 sowie S. 300.

Geppert, Klaus: Zum Grenzbereich strafloser Selbstbegünstigung und strafbarer Falschverdächtigung, Jura-Kartei Strafrecht, StGB § 164/1.

Hentschel, Peter: Straßenverkehrsrecht, Kommentar, 37. Aufl., München 2003.

Hirsch, Hans Joachim: Literaturbericht, Strafrecht – Besonderer Teil (II. Teil), ZStW 89 (1977), S. 930.

ders.: Zur Rechtsnatur der falschen Verdächtigung, in: Walter Stree u. a. (Hrsg.), Gedächtnisschrift für Horst Schröder, München 1978, S. 307.

Hohmann, Olaf: Die strafrechtliche Beurteilung von Submissionsabsprachen, NStZ 2001, S. 566.

Ipsen, Jörn: Staatsrecht I, 12. Aufl., Neuwied und Kriftel 2000.

Jaath, Karl-Ernst: Empfiehlt sich die Schaffung eines strafrechtlichen Sondertatbestandes zum Ausschreibungsbetrug?, in: Helwig Hassenpflug (Hrsg.), Festschrift für Karl Schäfer, Berlin und New York 1980, S. 89.

Jarass, Hans D./ Pieroth, Bodo: Grundgesetz für die Bundesrepublik Deutschland, Kommentar, 7. Aufl., München 2004.

Jescheck, Hans-Heinrich/Weigend, Thomas: Lehrbuch des Strafrechts, Allgemeiner Teil, 5. Aufl., Berlin 1996.

Krey, Volker: Strafrecht Besonderer Teil Band 1, 12. Aufl., Stuttgart u. a. 2002.

Küper, Wilfried: Strafrecht Besonderer Teil, 5. Aufl., Heidelberg 2002.

Küpper, Georg: Strafrecht Besonderer Teil 1, 2. Aufl., Berlin u. a., 2001.

Lackner, Karl/ Kühl, Kristian: Strafgesetzbuch, Kommentar, 25. Aufl., München 2004.

Langer, Winrich: Das Sonderverbrechen, Berlin 1972.

ders.: Die falsche Verdächtigung, Berlin 1973.

ders.: Vorsatztheorie und strafgesetzliche Irrtumsregelung, GA 1976, S. 193.

ders.: Zur falschen Verdächtigung eines Zeugen durch den Angeklagten, JZ 1987, S. 804.

ders.: Verdachtsgrundlage und Verdachtsurteil, in: Wilfried Küper (Hrsg.), Festschrift für Karl Lackner, Berlin u. a. 1987, S. 541.

ders.: Aktuelle Probleme der falschen Verdächtigung, GA 1987, S. 289.

ders.: Zur Falschheit des Verdächtigens gemäß § 164 Abs. 1 StGB, in: Hans-Heinrich Jescheck und Theo Vogler (Hrsg.), Festschrift für Herbert Tröndle, Berlin und New York 1989, S. 265.

ders.: Strafgesetzlicher Tatbestandsausschluß gemäß § 218 a Abs. 1 StGB, ZfL 1999, S. 47.

ders.: Geklärte und offene Fragen zur falschen Verdächtigung (§ 164 Abs. 1 StGB), in: Gunnar Duttge u. a. (Hrsg.), Gedächtnisschrift für Ellen Schlüchter, Köln u. a. 2002, S. 361.

Larenz, Karl/ Canaris, Claus-Wilhelm: Methodenlehre der Rechtswissenschaft, Studienausgabe, 3. Aufl., Berlin 1995.

Lenckner, Theodor: Zum Begriff der Täuschungsabsicht in § 267 StGB, NJW 1967, S. 1890.

Leipziger Kommentar: Großkommentar zum Strafgesetzbuch, 10. Aufl., von Gerhard Herdegen, Hans-Heinrich Jescheck (Hrsg.) u. a., Berlin und New York 1983, 11. Aufl., von Günter Gribbohm, Burkhard Jähnke (Hrsg.), Wolfgang Ruß, Klaus Tiedemann u. a., Berlin 2003.

Maurach, Reinhart/ Schroeder, Friedrich-Christian/Maiwald, Manfred:	Strafrecht Besonderer Teil, Teilband 2, 8. Aufl., Heidelberg 1999.
Medicus, Dieter:	Allgemeiner Teil des BGB, 8. Aufl., Heidelberg 2002.
Miehe, Olaf:	Der praktische Fall – Strafrecht: Ein Ausbruch, der nichts einbrachte, JuS 1996, S. 1000.
Münchener Kommentar:	Kommentar zum Strafgesetzbuch, von Wolfgang Joecks (Hrsg.), Klaus Miebach (Hrsg.), Henning Radtke u. a., Band 1, München 2003.
Nomos-Kommentar:	Kommentar zum Strafgesetzbuch, bearbeitet von Thomas Vormbaum u. a., Stand: Nov. 2003, Baden-Baden.
Ostendorf, Heribert:	Strafbare Angriffe auf einzelne Staatsgewalten sowie auf den Bestand staatlicher Maßnahmen, JZ 1987, S. 335.
Otto, Harro:	Rechtsgutsbegriff und Deliktstatbestand, in: Heinz Müller-Dietz (Hrsg.), Strafrechtsdogmatik und Kriminalpolitik, Heidelberg 1971, S. 1.
ders.:	Falsch Verdächtigen, Jura 2000, S. 217.
ders.:	Grundkurs Strafrecht, Die einzelnen Delikte, 6. Aufl., Berlin und New York 2002 (zitiert: Otto, Besonderer Teil).
Palandt:	Bürgerliches Gesetzbuch, Kommentar, von Helmut Heinrichs u. a., 64. Aufl., München 2005.
Paul, Carsten:	Zusammengesetztes Delikt und Einwilligung, Berlin 1998, zugleich Diss. Marburg 1997.
Radtke, Henning:	Der praktische Fall – Strafrecht: Notwehrprovokation im Vollrausch, JuS 1993, S. 577.
Ranft, Otfried:	Betrug durch Verheimlichen von Submissionsabsprachen – eine Stellungnahme zu BGHSt 38, 188, wistra 1994, S. 41.
Rengier, Rudolf:	Strafrecht Besonderer Teil II, 5. Aufl., München 2003.
Rönnau, Thomas:	Täuschung, Irrtum und Vermögensschaden beim Submissionsbetrug – BGH, NJW 2001, 3718, in: JuS 2002, S. 545.

Rössner, Dieter/Guhra, Emanuel: Eine Gemeinde geht baden: Der bestechliche Bürgermeister, Jura 2001, S. 403.

Rose, Frank: Anmerkung zu BGH, Urteil vom 11.7.2001, NStZ 2002, S. 41.

Roxin, Claus: Sinn und Grenzen staatlicher Strafe, JuS 1966, S. 377.

ders.: Strafrecht Allgemeiner Teil, Band I, 3. Aufl., München 2000.

Saal, Martin: Anmerkung zu LG Dresden, Urteil vom 8.10.1997, NZV 1998, S. 218.

Satzger, Helmut: Der Submissionsbetrug, Berlin 1994, zugleich Diss. Passau 1993.

ders.: Anmerkung zu BGH, Urteil vom 11.7.2001, JR 2002, S. 391.

Schilling, Georg: Die falsche Verdächtigung nach § 164 StGB, GA 1984, S. 345.

ders.: Zur Auslegung des § 164 StGB, in: Gerhard Dornseifer u. a. (Hrsg.), Gedächtnisschrift für Armin Kaufmann, Köln 1989, S. 595.

Schmidhäuser, Eberhard: Strafrecht Allgemeiner Teil, Lehrbuch, 2. Aufl., Tübingen 1975.

ders.: Strafrecht Besonderer Teil, Grundriß, Tübingen 1980.

Schneider, Hartmut: Grund und Grenzen des strafrechtlichen Selbstbegünstigungsprinzips, Berlin 1991, zugleich Diss. FU Berlin 1990.

ders.: Zur Strafbarkeit einer verabredeten Falschverdächtigung im Anschluß an Verkehrsunfälle, NZV 1992, S. 471.

Schönke, Adolf/ Schröder, Horst: Strafgesetzbuch, Kommentar, von Albin Eser, Theodor Lenckner u. a. (Hrsg.), 26. Aufl., München 2001.

Schröder, Horst: Zur Rechtsnatur der falschen Anschuldigung, NJW 1965, S. 1888.

Systematischer Kommentar:	Kommentar zum Strafgesetzbuch, 6. Aufl. Stand: 55. Lieferung Sept. 2002, von Hans-Joachim Rudolphi u. a., 7. Aufl. Stand 60. Lieferung Febr. 2004, von Klaus Rogall, Hans-Joachim Rudolphi u. a., Neuwied.
Tröndle, Herbert/ Fischer, Thomas:	Strafgesetzbuch und Nebengesetze, Kommentar, 52. Aufl., München 2004.
Vormbaum, Thomas:	Der strafrechtliche Schutz des Strafurteils, Berlin 1987.
Walter, Tonio:	Anmerkung zu BGH, Urteil vom 11.7.2001, JZ 2002, S. 254.
Weigend, Thomas:	Über die Begründung der Straflosigkeit bei Einwilligung des Betroffenen, ZStW 98 (1986), S. 44.
Welp, Jürgen:	Strafrecht: Die Falle, JuS 1967, S. 507.
ders.:	Strafrecht: Der vermeintliche Diebstahl, JuS 1983, S. 865.
Welzel, Hans:	Das Deutsche Strafrecht, 11. Aufl., Berlin 1969.
Wessels, Johannes/ Beulke, Werner:	Strafrecht Allgemeiner Teil, 34. Aufl., Heidelberg 2004.
Wessels, Johannes/ Hettinger, Michael:	Strafrecht Besonderer Teil/1, 28. Aufl., Heidelberg 2004.
Wiedemann, Gerhard:	Handbuch des Kartellrechts, München 1999.

Ulfrid Neumann / Cornelius Prittwitz (Hrsg.)

Kritik und Rechtfertigung des Strafrechts

Frankfurt am Main, Berlin, Bern, Bruxelles, New York, Oxford, Wien, 2005. 193 S.
Frankfurter kriminalwissenschaftliche Studien.
Verantwortlicher Herausgeber: Ulfrid Neumann. Bd. 88
ISBN 3-631-53204-0 · br. € 29.80*

Die Frage nach Legitimation und Grenzen staatlicher Strafe stellt sich unter den Bedingungen der Europäisierung und Globalisierung des Strafrechts und der Strafrechtswissenschaft in neuer Weise. Die Antworten können nicht mehr in den nationalen Traditionen der einzelnen Rechtskulturen, sie müssen in dem Bemühen um grenzüberschreitend konsensfähige Argumente gefunden werden. Dieser Band will dazu einen Beitrag leisten. Strafrechtler aus Italien, Spanien und Deutschland erörtern Probleme aus den Themenbereichen Strafrechtswissenschaft und Strafrechtspolitik, Rechtfertigung der Strafe, Alternativen zum Strafrecht, Zukunft des Strafrechts und Strafrecht und Risikogesellschaft. Die Beiträge gehen auf eine in Toledo veranstaltete Tagung zum Thema *Crítica y Justificación del Derecho Penal en el Cambio de Siglo* zurück, in deren Mittelpunkt die Auseinandersetzung mit der Strafrechtskritik der *Frankfurter Schule* des Strafrechts stand.

Aus dem Inhalt: *Winfried Hassemer*: Einleitende Bemerkungen · *Massimo Donini*: Demokratische und wissenschaftliche Methode einer Verbindung von Strafrecht und Politik · *Andrew von Hirsch*: Die Existenz der Institution Strafe: Tadel und Prävention als Elemente einer Rechtfertigung · *Ulfrid Neumann*: Alternativen zum Strafrecht · *Lothar Kuhlen*: Die Zukunft des Strafrechts · *Felix Herzog*: Risikogesellschaft, Risikostrafrecht, Risikoregulierung – Über das Strafrecht hinausweisende Perspektiven · *Cornelius Prittwitz*: Risikogesellschaft und Strafrecht · *Claus Roxin*: Schlussbericht